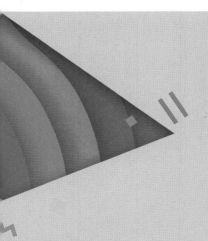

BASA와 함께하는

화 프로그램

침반

| 김동일 저 |

학지사

　우리 학교 현장에서는 난독증, 학습부진 및 학습장애뿐만 아니라 다양한 문화·경제·언어 특성과 같은 요인들로 인하여 학습에 어려움을 겪는 교육사각지대 학생들이 여전히 존재하고 있습니다. 이에 따라 학습에 어려움을 보이는 학습자들을 정확하게 진단하고, 적절한 교육적 지원의 필요성이 대두됩니다.

　많은 교사와 상담자가 노력하고 있지만, 모든 학습자의 개별적인 수행 수준에 맞추어 탄력적으로 수업을 진행하기는 어려운 것이 현실이며, 개별 학습자에게 가장 효과적인 교수 방법을 찾는 일 또한 이상적으로 여겨집니다. 이에 BASA와 함께하는 『쓰기 나침반』은 쓰기와 작문에 심각한 어려움을 겪는 학습자들의 현재 수행 수준과 발달 패턴을 살펴보면서 개별화 교육이 가능하도록 연구 작업을 통하여 개발되고 수정되었습니다. 『쓰기 나침반』은 기초학습기능 수행평가체제(Basic Academic Skills Assessment: BASA) 쓰기 검사 결과에 따라 추가적인 중재가 필요한 학습자에 초점을 맞추고 있습니다.

　『쓰기 나침반』은 찬찬히 꼼꼼하게 공부하는 학습자를 먼저 생각하여 교과서 및 다양한 학습 자료를 기반으로 개별화 학습이 가능하도록 하였습니다. 학습자가 의미 있는 증거기반 중재 탐색의 기회에 지속적으로 참여하면서 자신의 눈높이에서 배우고 즐기기를 진심으로 기대합니다.

　이 책을 내놓기까지 매우 많은 분의 도움이 있었습니다. 한국연구재단의 SSK 연구를 기반으로 경기도 난독증 우수 중재프로그램과 시흥시 새라배움 프로젝트를 통하여 직접 현장에서 개별 교육프로그램을 운영해 온 서울대학교 특수교육연구소 연구원들과 정성 어린 손길로 책을 만들어 준 학지사 임직

원 여러분께 진심으로 고마운 마음을 전합니다. 특히 교육프로그램에 참여하여 우리에게 귀한 배움의
기회를 제공해 준 여러 현장 교사와 상담자를 기억하고자 합니다.

2020년 6월 관악에서
서울대학교 교육종합연구원 특수교육연구소(SNU SERI) 소장
오름 김 동 일

쓰기란

쓰기는 언어적 전달을 문자기호를 통해 나타내는 것으로, 적극적으로 자신의 생각을 조직하는 가장 고차원적인 의사소통 과정입니다. 쓰기는 언어영역 중에서 가장 고차원적인 기능으로, 매우 다양한 능력을 요구합니다. 쓰기는 글씨쓰기, 철자쓰기, 작문으로 나누어 볼 수 있습니다(김동일, 이대식, 신종호, 2003).

글씨쓰기(hand writing)에서 어려움을 겪는 아동은 글쓰기와 연관된 활동 자체를 거부하려는 경향이 높고, 이는 지속적인 학업부진에 영향을 줍니다. 이러한 부진은 좌절에서 학교생활 부적응으로까지 이어지기 때문에 글씨쓰기는 무엇보다 중요한 능력입니다. 일반적으로 글씨쓰기는 모양, 방향, 기울기, 간격, 완성도로 평가합니다(임경민 외, 2018). 글씨쓰기에서는 3P(자세, 위치, 연필 쥐는 법)를 고려하며 아동을 지도하는 것이 좋습니다. 자세(Posture)는 바른 몸가짐과 발의 위치, 시선의 위치 등이 포함됩니다. 위치(Position)는 글자를 바르게 쓰기 위한 종이의 위치와 관련되어 있습니다. 연필 쥐는 법(Pencil)의 경우 연필을 제대로 잡고 글씨를 쓰는지 여부에 대해 점검하는 것이 좋습니다.

철자쓰기(spelling)는 운동 협응 능력이 갖춰진 글씨쓰기를 넘어간 아동이 올바른 철자를 배우고 정확하게 쓰는 법을 익히는 단계입니다. 철자쓰기는 맞춤법을 고려하고, 문법, 문장부호, 철자를 익히는 과정으로 이루어집니다(정혜승, 김소희, 2011). 한국어의 경우 음운변동으로 인해 소리 나는 대로 적는 것과 실제 표기법이 다르기 때문에 이에 대해 학습하는 것이 필요합니다. 또한 받아쓰기를 적용하여 교수하면 보다 쉽게 취약점을 확인하고 수정해 나갈 수 있습니다.

작문(written expression-composition)은 가장 높은 차원의 쓰기로, 조직화된 글쓰기 과정입니다. 글쓰기에 어려움을 보이는 아동은 초안을 작성하는 계획하기 단계를 소홀히 하며, 많은 경우 생략할 때가 많습니다. 또한 계획하기, 작성하기, 검토하기, 수정하기로 구성되는 쓰기의 과정을 이해하는 데 어려움을 보입니다. 따라서 글쓰기에 흥미를 가지고 자신의 생각을 풀어낼 수 있도록 지도하는 것이 필요합니다.

5

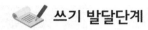 쓰기 발달단계

Hoy와 Gregg(1994)에 따르면, 쓰기 능력은 다음과 같은 단계로 발달합니다.

단계	쓰기 능력	
취학 전	• 상징놀이	• 그리기
초등학교	• 철자 • 구문 • 독자의 이해를 유도(자기중심적 단계)	• 기술 • 설명적 이야기의 구조 • 시제(현재형)
중학교	• 개별화된 스타일과 유연성 • 독자의 이해를 증가시키는 쓰기 • 시제(과거형)	• 설명문과 기술문의 구조 이해 • 단어 구사의 유연성 • 기능(감정의 의사소통)
고등학교	• 개별화된 스타일 • 단어와 구문에 대한 유연성 증가 • 관계 기술 • 기능(사고와 감정의 의사소통)	• 해설문과 설득문의 구조 이해 • 독자의 이해에 영향을 미치는 사회적 역할 • 시제(미래형)

단계별 쓰기 지도의 효과

1. 1단계 쓰기 지도의 효과

1단계는 해당 단원에서 초점을 두고 있는 글자에 대해서 집중적으로 학습합니다. 가장 큰 차별화를 둔 부분은 단어 따라쓰기입니다. 처음부터 통글자로 학생에게 학습을 유도하는 것이 아니라 각 단어의 구성 요소를 한글의 형태에 맞춰 쓸 수 있도록 구성되어 있습니다. 각 단원에서 가르치고자 하는 음운에 집중하여 글자를 써 볼 수 있습니다. 이후에는 단어에 대한 받아쓰기, 알맞은 단어 골라쓰기의 학습을 통해 재점검을 할 수 있습니다. 이 과정은 단어의 양을 늘릴 수 있을 뿐만 아니라 음운인식의 측면에서도 효과가 있다고 볼 수 있습니다.

2. 2단계 쓰기 지도의 효과

2단계는 소리와 표기가 다른 음운변동 오류 유형에 대해 집중적으로 다루고 있습니다. 최영환(2003)은 받아쓰기에서 학생의 오류 확인 및 원리 이해의 중요성을 언급하였으며, 이 교재에서는 오류 확인,

원리 학습, 확인, 교정적 송환의 4단계로 받아쓰기 지도를 제시하였습니다. 이 단계를 통해 학생이 오류를 인식하고, 오류에 대한 원리 이해를 바탕으로 한 오류 수정 및 적용을 할 수 있도록 하였습니다. 각 음운변동 오류 유형에 대해 2차시로 구성되었으며, 짝수 차시에서는 홀수 차시에서 이해한 원리를 바탕으로 또 다른 예시에 적용해 보며 복습 및 적용 효과를 줄 수 있도록 하였습니다.

3. 3단계 쓰기 지도의 효과

3단계는 1단원 다양한 형태의 글쓰기, 2단원 소재를 활용한 글쓰기, 3단원 설명 글쓰기, 4단원 주장 글쓰기로 구성되어 있습니다. 각 단원은 학생들이 흥미를 느낄 수 있는 활동으로 구성되어 있습니다. 3단계는 쓰기의 최종 목표인 작문에 쉽게 도달할 수 있도록 구성되어 있습니다. 또한 쓰기를 하면서 활용할 수 있는 전략들로 구성되어 참고할 수 있게 하였습니다.

RTI 교수법(중재반응모형, Response-to-Intervention)

RTI는 2001년에 학습장애 판별을 위해 새롭게 적용된 학습모델입니다. 1수준은 학교 수업처럼 모든 일반 아동을 대상으로 실시하는 대그룹 교수(약 20~30명)이며, 진전도를 점검하여 지속적인 어려움을 보이는 아동을 선별한 후 2수준 교수를 받도록 합니다. 2수준은 소그룹 교수(약 5~7명)로, 보다 집중적으로 교육받을 수 있는 환경과 교재가 제공되며, 충분히 교수를 제공받았음에도 여전히 진전이 없는 아동은 3수준 교수를 받도록 합니다. 3수준 교수는 일대일 교수를 제공하도록 권고되며, 아동의 수준에 맞는 개별적으로 고안된 중재를 제공합니다.

『쓰기 나침반』은 3수준 교수가 필요한 아동을 대상으로 교사와 아동의 일대일 혹은 소그룹 수업을 제공하는 데 효과가 있도록 제작하였습니다.

 쓰기편의 단계별 소개

1단계(1~20차시)	2단계(1~20차시)	3단계(1~20차시)
• 글자의 구성 이해, 받아쓰기, 변별을 통한 글자 이해, 문장 속에서 의미 파악	• 음운변동에서 나타나는 오류 유형 학습, 다양한 활동을 통해 학습과 복습 병행	• 글쓰기의 흥미 유발과 양적·질적 확장을 위한 다양한 글쓰기 형태 제시
• 자음과 모음 쓰기를 통해 글자의 구성을 알고 쓸 수 있다. • 한글의 구성 유형에 맞춰 낱말을 익히고 문장 속에서 낱말을 쓸 수 있다. • 받침이 있는 낱말을 이해하고 쓸 수 있다.	• 음운변동현상을 적용하여 쓰기 오류 유형을 학습할 수 있다. • 연음규칙, 경음화, 격음화, 비음화, 겹받침, 유음화, ㅎ탈락, 구개음화, 음소첨가, 사이시옷에 대해서 학습할 수 있다. • 쓰기 과정에서 나타내는 오류를 수정할 수 있다.	• 재미있는 글쓰기(다양한 글의 양식)를 바탕으로 흥미를 가지고 글을 쓸 수 있다. • 다양한 소재를 활용한 글쓰기를 통해 글을 풍성하게 쓸 수 있다. • 설명 글쓰기(설명문)를 쓸 수 있다. • 주장 글쓰기(논설문)를 쓸 수 있다.

 쓰기편 활용 팁

하나, 쓰기편을 시작하기 전 기초학습기능 수행평가체제(BASA) 쓰기검사를 활용하여 기초선을 측정하고 목표를 설정합니다. 이는 아동의 현재 수준을 점검할 수 있을 뿐만 아니라 학습 속도와 방향에도 긍정적인 도움을 줍니다.

둘, 이경화 등(2008)은 소리(발음)와 표기가 일치하는 경우와 그렇지 않은 경우를 나누어 12단계로 지도 순서를 제시하였습니다. 소리(발음)와 표기가 일치하는 경우는 1단계에서, 소리(발음)와 표기가 일치하지 않는 경우는 2단계에서 중점적으로 다루었습니다. 또한 한글 문자의 특성 때문에 철자쓰기에서 발음과 표기가 같은 경우보다 발음과 표기가 다른 경우를 좀 더 집중적으로 지도를 할 필요가 있습니다(최승숙, 2010). 마지막으로, 3단계는 1단계와 2단계의 학습내용을 바탕으로 단어 및 어절 수준을 넘어 문장 수준 글쓰기를 해 볼 수 있도록 구성하였습니다.

셋, 2단계와 3단계는 아동의 흥미 유발과 쓰기에 대한 부담감을 줄이기 위해 학습에 재미를 느낄 수 있는 활동이 포함되어 있습니다. 배운 내용을 점검할 수도 있고, 지루하지 않게 워크북을 활용할 수 있도록 구성하였습니다.

넷, 3단계에서 글쓰기의 경우 꼭 아동이 글을 완성할 수 있도록 도와주는 것이 좋습니다. 궁극적으로 앞에 있는 활동은 글쓰기를 향상시키는 것이 목적이기 때문입니다.

다섯, BASA 쓰기검사를 활용하여 진전도를 확인합니다. 진전도는 처음에 설정한 목표를 잘 따라오

는지 점검하는 것으로, 아동의 학습 속도에 맞춰 진전도 점검과 목표를 수정할 수 있습니다.

구성과 특징

이 워크북은 3단계이며 각 20차시로 구성되어 있습니다. 1단계는 글씨쓰기 단계로, 한글의 구성에 대해 친숙해지기 위한 활동으로 구성되어 있습니다. 이 단계를 수행하는 아동에게는 교사의 지도와 함께 워크북을 활용하는 것을 추천합니다. 받아쓰기나 문장 속의 바른 단어 찾아쓰기 등은 아동의 현재 수준에 비해 설명이 필요한 부분이 될 수도 있기 때문입니다. 2단계는 철자쓰기 단계로, 철자를 바르게 쓰는 것을 목적으로 하며 원리를 학습하고, 받아쓰기나 게임과 같은 다양한 활동을 통해 올바른 철자를 학습할 수 있습니다. 3단계는 직접 글쓰기를 하는 단계로, 글쓰기를 거부하는 경향을 가진 아동에게 글쓰기 글감을 점진적으로 제공하여 마지막에 글을 쓸 수 있도록 매 차시마다 유도하고 있습니다. 해당 차시를 학습하면서 글쓰기를 친숙하게 받아들이는 것을 목적으로 합니다.

[참고문헌]

김동일, 이대식, 신종호(2003). 학습장애아동의 이해와 교육. 서울: 학지사.

이경화, 이수진, 이창근, 전제응(2008). 한글 깨치기 비법. 서울: 박이정.

임경민, 유은영, 정민예, 이재신, 김정란, 박혜연(2018). 학령기 아동의 글씨쓰기 평가도구 개발. 대한작업치료학회
　　지, 26(1), 103–118.

정혜승, 김소희(2011). 쓰기 학습장애 위험아동을 위한 쓰기 전략의 효과 비교-자기조절 중심의 '주장쓴글' 전략,
　　그래픽조직자 전략, 모델학습 전략 중심으로. 학습장애연구, 8, 21–52.

최승숙(2010). 쓰기부진 학생의 철자쓰기 특성과 중재에 관한 이론적 접근. 특수아동교육연구, 12(1), 47–66.

최영환(2003). 국어교육학의 지향. 서울: 삼지원.

Hoy, C., & Gregg, N. (1994). *Assessment: The special educator's role*. Pacific Grove, CA: Brooks.

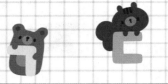

차례

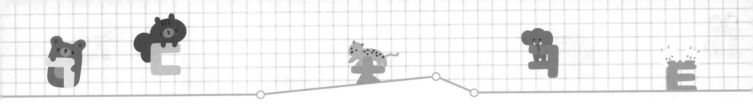

단계

01

 1단계 개관

가. 구성 원리

한글은 음소문자입니다. 14개의 자음과 10개의 모음이 조합이 되어 낱자를 구성합니다. 특히 자음과 모음이 명확하게 구분되는데, 이는 자음과 모음이 조합식 배열을 취하고 있기 때문입니다. 즉, 합자법의 형태로 쓰기가 이루어져 있습니다. 보통 한글은 2~4개의 자음과 모음이 묶이는 조합식 배열을 취하고 있고, 이 단어들은 정사각형이나 직사각형의 내부에 배치됩니다.

한글은 자음과 모음의 위치에 의해서 보통 6개의 유형으로 나뉩니다. 1형식은 초성과 종모음(예: 가), 2형식은 초성과 횡모음(예: 구), 3형식은 초성, 횡모음, 종모음(예: 과), 4형식은 초성, 종모음, 받침(예: 강), 5형식은 초성, 횡모음, 받침(예: 궁), 마지막 6형식은 초성, 횡모음, 종모음, 받침(예: 곽)으로 나타낼 수 있습니다. 한글을 습득하는 과정에서 자음과 모음의 결합 원리에 대해 이해가 선행된다면 낱자를 읽는 데 어려움을 줄일 수 있을 것입니다. 또한 읽기 발달에 중요한 역할을 하며, 한글을 익히는 데 있어 중요한 역할을 하게 됩니다.

쓰기 1단계에서는 다음과 같은 한글의 구성 원리를 활용하여 아동이 점차 확장해서 단어를 이해할 수 있는 활동을 배치해 두었습니다. 또한 받아쓰기나 문장 속에서 알맞은 단어를 찾는 활동을 통해 한글과 단어를 함께 학습할 수 있도록 구성하였습니다.

[참고문헌]

신수정(2017). 명시적 교수에 기반한 통합파닉스 훈련이 난독증위험학생의 단어재인, 읽기유창성, 철자쓰기에 미치는 효과. 서울교육대학교 박사학위논문.

나. 활동의 구성

활동은 각 단원에서 목표로 하는 자모음 구별, 단어 따라 쓰기, 받아쓰기, 문장에 알맞은 단어 쓰기로 구성되어 있습니다. 각 차시는 아동의 현재 수준에 맞춰 진행하지 않을 수도, 더 심화하여 진행할 수 있습니다. 혹 아동이 자모음 변별이 어렵다 하더라도 단어 따라 쓰기는 자모음을 생각하면서 따라 쓰기 때문에 단어가 어떤 자음과 모음으로 구성되어 있는지 칸을 채우는 활동을 통해 습득하는 것을 목표로 합니다. 단어 따라 쓰기 활동이 충분히 숙지가 되면 인출 여부를 확인할 수 있는 단어 받아쓰기 과정으로 넘어가게 됩니다. 이 과정은 단어를 정확히 아는지 확인할 수 있는 단계입니다. 그러나 아직 글자에 대한 이해가 부족한 경우 받아쓰기를 어려워할 수 있으므로 적절한 난이도의 받아쓰기 검사를 하는 것을 추천합니다. 마지막 활동에서는 문장 속에서 알맞은 단어의 형태를 찾게 됩니다. 정확한 단

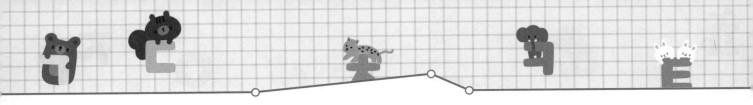

어를 찾는 것과 함께 문장에서 익힐 수 있는 활동으로 구성되어 있습니다.

1단계 전개 계획

차시	단원	차시명	학습 목표
1	단모음과 자음 알기	모음 ㅏ ㅓ ㅣ	• 단모음과 자음을 익히고, 단어에서 어떻게 활용되는지 알 수 있다. • 철자를 단계별로 써 보면서 익힐 수 있다. • 받아쓰기 과정을 통해 단어를 인출해 낼 수 있다. • 문장 속에서 알맞은 단어를 찾고, 어떻게 활용되는지 이해할 수 있다.
2		모음 ㅗ ㅜ ㅡ	
3		자음 ㄱ ㄴ ㄷ ㄹ	
4		자음 ㅁ ㅂ ㅅ ㅇ	
5		자음 ㅈ ㅊ ㅋ	
6		자음 ㅌ ㅍ ㅎ	
7		쌍자음 ㄲ ㄸ ㅃ ㅆ	
8	복잡한 모음 알기	모음 ㅑ ㅕ ㅛ ㅠ	• 모음을 익히고, 단어에서 어떻게 활용되는지 알 수 있다. • 철자를 단계별로 써 보면서 익힐 수 있다. • 받아쓰기 과정을 통해 단어를 인출해 낼 수 있다. • 문장 속에서 알맞은 단어를 찾고, 어떻게 활용되는지 이해할 수 있다.
9		모음 ㅢ ㅟ ㅘ ㅝ	
10		모음 ㅐ ㅔ ㅒ ㅖ	
11		모음 ㅚ ㅙ ㅞ	
12	받침낱말 알기	받침 ㅇ ㄱ ㅁ ㅂ (1)	• 받침을 익히고, 단어에서 어떻게 활용되는지 알 수 있다. • 철자를 단계별로 써 보면서 익힐 수 있다. • 받아쓰기 과정을 통해 단어를 인출해 낼 수 있다. • 문장 속에서 알맞은 단어를 찾고, 어떻게 활용되는지 이해할 수 있다.
13		받침 ㅇ ㄱ ㅁ ㅂ (2)	
14		받침 ㄴ ㄷ ㄹ (1)	
15		받침 ㄴ ㄷ ㄹ (2)	
16		끝소리 규칙 ㄱ가족	
17		끝소리 규칙 ㅂ가족	
18		끝소리 규칙 ㄷ가족	
19		쌍받침, 겹받침 (1)	
20		쌍받침, 겹받침 (2)	

1단계 지도 시 유의사항

● 각 차시에서 중점을 두고 있는 부분(예: ㅏ, ㅓ, ㅣ)을 집중해서 익힐 수 있도록 지도합니다.

● 받아쓰기를 기준으로 학습에 대한 인출이 잘 일어나는지 확인하며 지도합니다.

중재 지도안 예시(직접교수모형 사용)

단계		1단계 1차시 ㅏ, ㅓ, ㅣ
활동 목표		• 모음 ㅏ, ㅓ, ㅣ로 이루어진 글자를 쓰고, 관련된 낱말을 익힐 수 있다.
준비물		• 교재, 연필, 지우개(필요시 노트)
도입		• 단어를 보고 공통적으로 들어간 모음을 확인하며 어떤 형태를 가진 단어를 학습하는지 이해한다. • 모음을 따라 써 본다.
전개	단어 따라 쓰기	• 각 단어의 구성을 확인하면서 단어를 완성해 본다.
	받아쓰기	• 앞에서 배운 단어를 받아쓸 수 있는지 확인한다. • 받아쓰기 수행률이 너무 낮은 경우 이전 활동으로 돌아가서 단어에 대해 충분히 익힐 수 있도록 반복학습을 한다.
	알맞은 단어 쓰기	• 문장 안에서 앞에서 배운 단어들을 확인하며 알맞은 단어를 찾아서 적을 수 있다. • 단어만 보고 답을 찾는 것보다 문장 속에서 의미를 파악할 수 있도록 지도한다.
정리 및 평가		• 학습 내용 정리 및 1단계 마무리 • 2차시 예고

학습 평가

차시	단원	평가내용 및 평가방법
1~7차시	단모음과 자음 알기	받아쓰기, 알맞은 단어 쓰기 활동의 수행도(맞은 개수/전체 개수)를 확인하여 학습정도를 평가할 수 있다.
8~11차시	복잡한 모음 알기	
12~20차시	받침낱말 알기	

1차시 모음 ㅏ ㅓ ㅣ

📖 **학습 목표** • 모음 ㅏ, ㅓ, ㅣ로 이루어진 글자를 쓰고, 이와 관련된 낱말에 대해서 학습할 수 있다.

📁 **똑같은 모음 찾아보기**

● 낱말을 보고 공통적으로 들어간 모음을 찾아보세요.

| 가위 | ㅏ | 나라 |
| 국가 | | 다리 |

| 거위 | | 어묵 |
| 버섯 | | 터키 |

| 기린 | | 비 |
| 호미 | | 키위 |

| 나무 | | 자리 |
| 아빠 | | 하마 |

📁 **모음 따라 쓰기**

● 아래 모음을 따라 써 봅시다. 모음을 쓰는 순서를 주의하세요.

모음	따라 쓰기
ㅏ				
ㅓ				
ㅣ				

📁 **단어 따라 쓰기**

● 모음에 유의하여 다음 빈칸을 채워 보세요.

모음	단어
ㅏ	가위 ⇨ ㄱ ㅏ 위 ⇨ [ㄱ ㅏ] 위 ⇨ [ㄱ ㅏ] [위]
	나라 ⇨ ㄴ [ ] 라 ⇨ [ ] 라 ⇨ [ ] [ ]
	국가 ⇨ 국 ㄱ [ ] ⇨ 국 [ ] ⇨ [ ] [ ]
	다리 ⇨ ㄷ [ ] 리 ⇨ [ ] 리 ⇨ [ ] [ ]

모음	단어
ㅓ	거위 ⇨ ㄱ [ ] 위 ⇨ [ ] 위 ⇨ [ ] [위]
	어묵 ⇨ ㅇ [ ] 묵 ⇨ [ ] 묵 ⇨ [ ] [묵]
	버섯 ⇨ ㅂ [ ] 섯 ⇨ [ ] 섯 ⇨ [ ] [섯]
	터키 ⇨ ㅌ [ ] 키 ⇨ [ ] 키 ⇨ [ ] [ ]

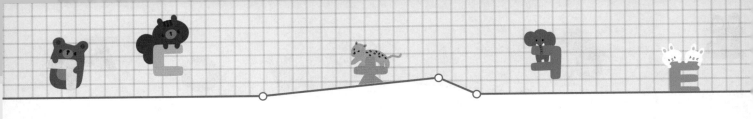

모음	단어
ㅣ	기린 ⇨ ㄱ [ ] 린 ⇨ [|] 린 ⇨ [|][[ ]/[ ]]
	비 ⇨ ㅂ [ ] ⇨ [|]
	호미 ⇨ 호 ㅁ [ ] ⇨ 호 [|] ⇨ [[ ]/[ ]][|]
	미술 ⇨ ㅁ [ ] 술 ⇨ [|] 술 ⇨ [|][[ ]/[ ]]

📁 받아쓰기

● 선생님께서 불러 주시는 단어를 받아쓰기해 보세요.

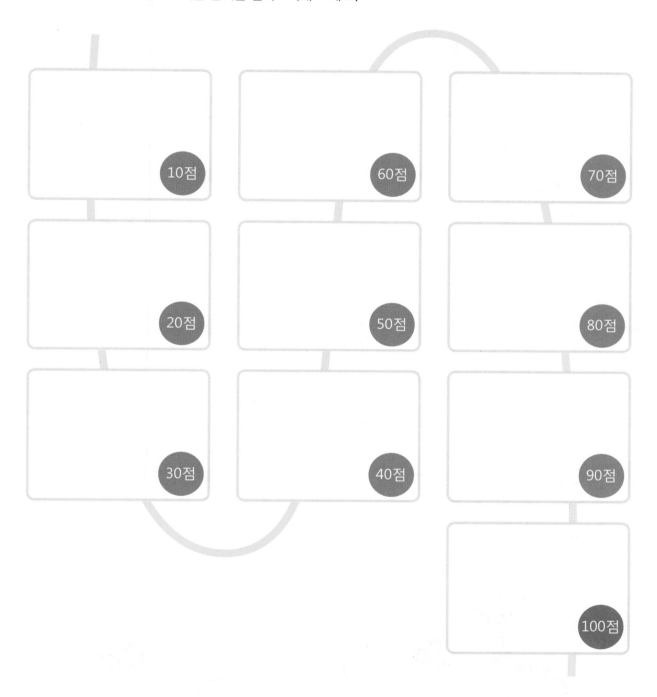

※ 선생님께서는 정답지에 있는 단어를 보고 받아쓰기를 지도해 주세요.

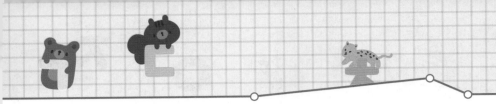

📁 알맞은 단어 쓰기

● 다음 문장을 읽고 알맞은 단어를 빈칸에 적어 보세요.

문장	알맞은 단어 찾기	단어
1. 색종이를 _____로 자르자.	거위, 가위 고위, 구위	
2. 강을 지나가려면 _____를 건너면 돼.	다리, 더리 도리, 두리	
3. 동물원에 오리도 있고 _____도 있다.	가위, 거위 고위, 구위	
4. 아버지께서 산에서 _____을 캐 오셨다.	바섯, 버섯 부섯, 보섯	
5. 내가 가장 좋아하는 동물은 _____이다.	가린, 거린 그린, 기린	
6. _____가 오는 날이 좋다.	바, 버 브, 비	

모음 ㅗ ㅜ ㅡ

2차시

📖**학습 목표** •모음 ㅗ, ㅜ, ㅡ 로 이루어진 글자를 쓰고, 이와 관련된 낱말에 대해서 학습할 수 있다.

📁 똑같은 모음 찾아보기

● 낱말을 보고 공통적으로 들어간 모음을 찾아보세요.

오이	고구마
오리	보물
ㅗ	

놀이	코알라
도구	시소

부리	우리
무지개	우엉

그네	그림자
느림보	그림

📁 모음 따라 쓰기

● 아래 모음을 따라 써 봅시다. 모음을 쓰는 순서를 주의하세요.

모음	따라 쓰기			
ㅗ				
ㅜ				
ㅡ				

📁 단어 따라 쓰기

● 모음에 유의하여 다음 빈칸을 채워 보세요.

모음	단어
ㅗ	오이 ⇨ [ㅗ]이 ⇨ [ㅗ]이 ⇨ [ㅗ][ㅇ ㅣ]
	오리 ⇨ [ㅗ]리 ⇨ [ ]리 ⇨ [ ][ ]
	보물 ⇨ [ㅂ]물 ⇨ [ ]물 ⇨ [ ][ ]
	고구마 ⇨ [ㄱ]구마 ⇨ [ ]구마 ⇨ [ ][ ][ ]

모음	단어
ㅜ	우리 ⇨ [ㅇ]리 ⇨ [ ]리 ⇨ [ ][ ]
	부리 ⇨ [ㅂ]리 ⇨ [ ]리 ⇨ [ ][ ]
	우엉 ⇨ [ㅇ]엉 ⇨ [ ]엉 ⇨ [ ][ ]
	무지개 ⇨ [ㅁ]지개 ⇨ [ ]지개 ⇨ [ ][ ][ ]

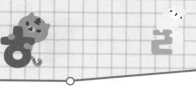

모음	단어
ㅡ	그네 ⇨ ㄱ□ 네 ⇨ □ 네 ⇨ □ □
	느림보 ⇨ ㄴ□ 림보 ⇨ □ 림보 ⇨ □ □ □
	그림 ⇨ ㄱ□ 림 ⇨ □ 림 ⇨ □ □
	그림자 ⇨ ㄱ□ 림자 ⇨ □ 림자 ⇨ □ □ □

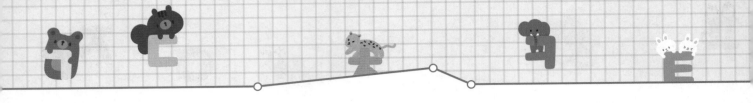

📁 받아쓰기

● 선생님께서 불러 주시는 단어를 받아쓰기해 보세요.

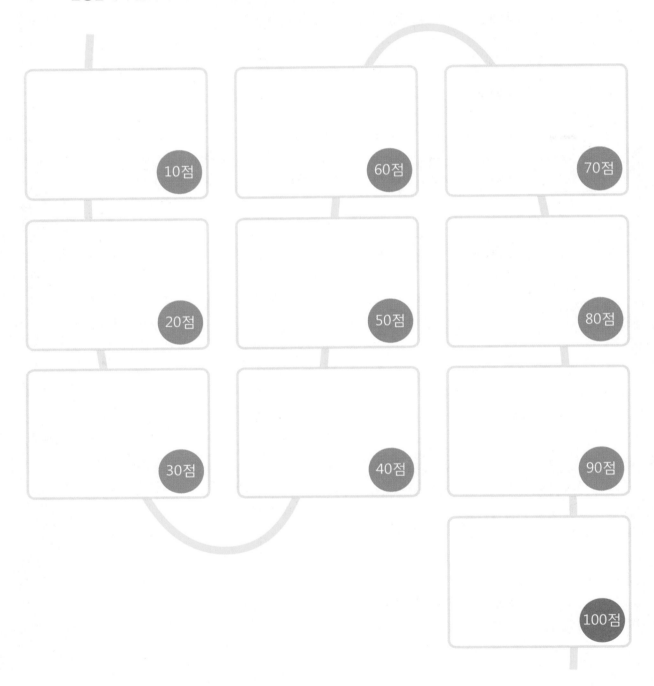

※ 선생님께서는 정답지에 있는 단어를 보고 받아쓰기를 지도해 주세요.

📁 알맞은 단어 쓰기

● 다음 문장을 읽고 알맞은 단어를 빈칸에 적어 보세요.

문장	알맞은 단어 찾기	단어
1. _____는 슈퍼마켓에서 사 왔다.	우이, 요이 오으, 오이	
2. _____ 다 같이 놀자.	유리, 우리 요리, 오리	
3. 해가 질 무렵 _____을 보았다.	노을, 뇨을 누을, 너을	
4. 인간은 _____를 사용한다.	됴구, 도구 두구, 다구	
5. 닭이 _____로 모이를 먹는다.	뷰리, 보리 버리, 부리	
6. 놀이터에서 _____를 탔다.	그네, 구네 가네, 고네	

자음 ㄱ ㄴ ㄷ ㄹ

📖**학습 목표** • 자음 ㄱ, ㄴ, ㄷ, ㄹ 로 이루어진 글자를 쓰고, 이와 관련된 낱말에 대해서 학습할 수 있다.

📁 똑같은 자음 찾아보기

● 낱말을 보고 공통적으로 들어간 자음을 찾아보세요.

📁 자음 따라 쓰기

● 아래 자음을 따라 써 봅시다. 자음을 쓰는 순서를 주의하세요.

자음	따라 쓰기
ㄱ	
ㄴ	
ㄷ	
ㄹ	

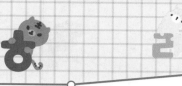

📁 단어 따라 쓰기

● 자음에 유의하여 다음 빈칸을 채워 보세요.

자음	단어
ㄱ	가지 ⇨ ㄱ ㅏ 지 ⇨ ㄱ ㅏ 지 ⇨ ㄱ ㅏ ㅈ ㅣ
	구이 ⇨ ㅜ 이 ⇨ 이 ⇨
	고무 ⇨ ㅗ 무 ⇨ 무 ⇨
	가위 ⇨ ㅏ 위 ⇨ 위 ⇨

자음	단어
ㄴ	나라 ⇨ ㅏ 라 ⇨ 라 ⇨
	나비 ⇨ ㅏ 비 ⇨ 비 ⇨
	누나 ⇨ ㅜ 나 ⇨ 나 ⇨
	비누 ⇨ 비 ㅜ ⇨ 비 ⇨

자음	단어
ㄷ	다리 ⇨ [　]ㅏ 리 ⇨ [　][　] 리 ⇨ [　][　][　]
	도구 ⇨ [　]ㅗ 구 ⇨ [　] 구 ⇨ [　][　]
	다과 ⇨ [　]ㅏ 과 ⇨ [　] 과 ⇨ [　][　]
	자두 ⇨ 자 [　]ㅜ ⇨ 자 [　] ⇨ [　][　]

자음	단어
ㄹ	머리 ⇨ 머 [　]ㅣ ⇨ 머 [　] ⇨ [　][　]
	자리 ⇨ 자 [　]ㅣ ⇨ 자 [　] ⇨ [　][　]
	유리 ⇨ 유 [　]ㅣ ⇨ 유 [　] ⇨ [　][　]
	나라 ⇨ 나 [　]ㅏ ⇨ 나 [　] ⇨ [　][　]

📁 받아쓰기

● 선생님께서 불러 주시는 단어를 받아쓰기해 보세요.

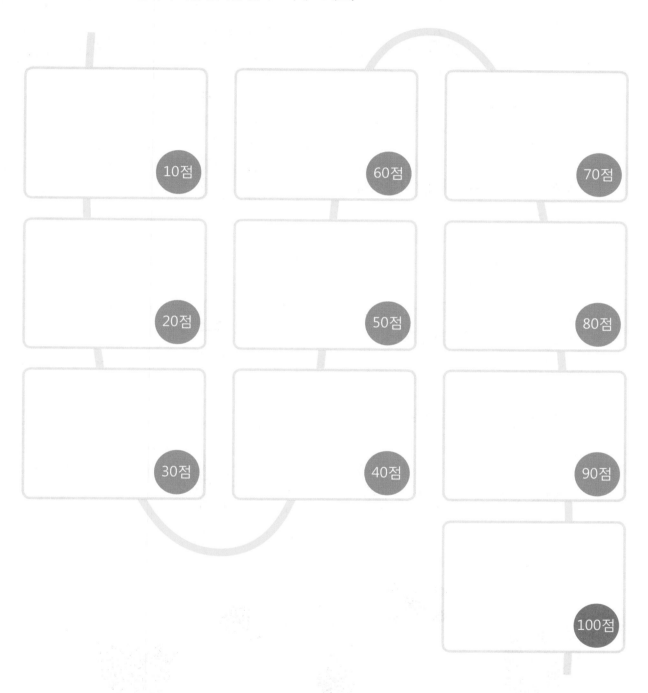

10점

60점

70점

20점

50점

80점

30점

40점

90점

100점

※ 선생님께서는 정답지에 있는 단어를 보고 받아쓰기를 지도해 주세요.

📁 알맞은 단어 쓰기

● 다음 문장을 읽고 알맞은 단어를 빈칸에 적어 보세요.

문장	알맞은 단어 찾기	단어
1. 주말 농장에서 _____를 땄다.	나지, 마지 가지, 다지	
2. 우리 _____의 수도는 서울이다.	다라, 나라 마라, 가라	
3. 나는 과일 중에서 _____를 가장 좋아한다.	자누, 자루 자두, 자구	
4. 해가 창문 _____로 비친다.	유기, 유니 유디, 유리	
5. 색종이를 _____로 자르다.	나위, 다위 가위, 라위	
6. 봄에는 꽃에 _____가 날아온다.	가비, 나비 다비, 라비	

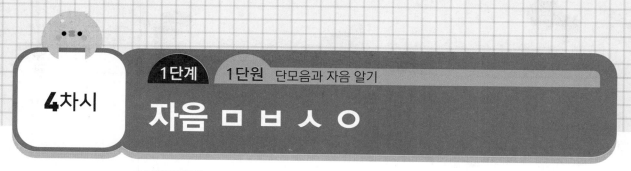

4차시

자음 ㅁ ㅂ ㅅ ㅇ

📖 **학습 목표** • 자음 ㅁ, ㅂ, ㅅ, ㅇ으로 이루어진 글자를 쓰고, 이와 관련된 낱말에 대해서 학습할 수 있다.

📁 똑같은 자음 찾아보기

● 낱말을 보고 공통적으로 들어간 자음을 찾아보세요.

📁 자음 따라 쓰기

● 아래 자음을 따라 써 봅시다. 자음을 쓰는 순서를 주의하세요.

자음	따라 쓰기			
ㅁ				
ㅂ				
ㅅ				
ㅇ				

📁 단어 따라 쓰기

● 자음에 유의하여 다음 빈칸을 채워 보세요.

자음	단어
ㅁ	마루 ⇨ ⬜ ㅏ 루 ⇨ ⬜⬜ 루 ⇨ ⬜⬜
	하마 ⇨ 하 ⬜ ㅏ ⇨ 하 ⬜ ⇨ ⬜⬜
	나무 ⇨ 나 ⬜ ㅜ ⇨ 나 ⬜ ⇨ ⬜⬜
	호미 ⇨ 호 ⬜ ㅣ ⇨ 호 ⬜ ⇨ ⬜⬜

자음	단어
ㅂ	비서 ⇨ ⬜ ㅣ 서 ⇨ ⬜ 서 ⇨ ⬜⬜
	버스 ⇨ ⬜ ㅓ 스 ⇨ ⬜ 스 ⇨ ⬜⬜
	바나나 ⇨ ⬜ ㅏ 나나 ⇨ ⬜ 나나 ⇨ ⬜⬜⬜⬜
	보리 ⇨ ⬜ ㅗ 리 ⇨ ⬜ 리 ⇨ ⬜⬜

자음	단어
ㅅ	무시 ⇨ 무 [　] ⇨ 무 [　｜　] ⇨ [　｜　]
	시기 ⇨ [　] ｜ 기 ⇨ [　｜　] 기 ⇨ [　｜　]
	스키 ⇨ [　ㅡ　] 키 ⇨ [　] 키 ⇨ [　｜　]
	누수 ⇨ 누 [　ㅜ　] ⇨ 누 [　] ⇨ [　｜　]

자음	단어
ㅇ	우유 ⇨ [　ㅜ　] [　ㅠ　] ⇨ [　｜　]
	바위 ⇨ 바 [　ㅜ　] ｜ ⇨ 바 [　] ⇨ [　｜　]
	유리 ⇨ [　ㅠ　] 리 ⇨ [　] 리 ⇨ [　｜　]
	아기 ⇨ [　ㅏ　] 기 ⇨ [　｜　] 기 ⇨ [　]

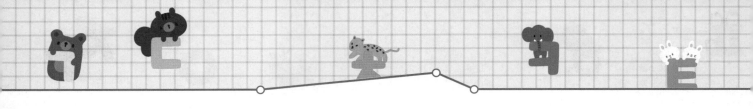

📁 받아쓰기

- 선생님께서 불러 주시는 단어를 받아쓰기해 보세요.

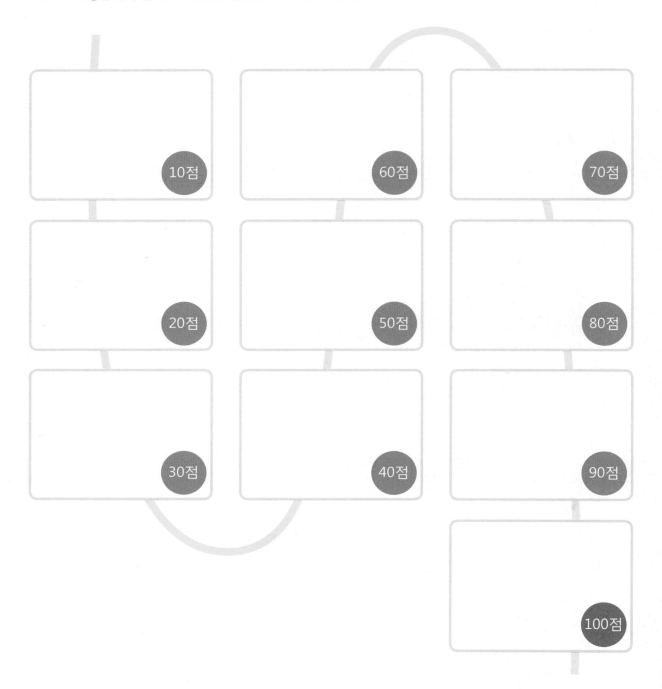

※ 선생님께서는 정답지에 있는 단어를 보고 받아쓰기를 지도해 주세요.

📁 알맞은 단어 쓰기

● 다음 문장을 읽고 알맞은 단어를 빈칸에 적어 보세요.

문장	알맞은 단어 찾기	단어
1. 원숭이가 _____에서 떨어졌다.	나구, 나수 나무, 나우	
2. 어머니께서 _____밥을 해 주셨다.	모리, 노리 소리, 보리	
3. 친구를 _____질투하다.	니기, 미기 시기, 이기	
4. 계란으로 _____ 치기.	바뮈, 바쉬 바뷔, 바위	
5. _____로 땅을 파다.	호니, 호미 호리, 호시	
6. _____가 새근새근 잠을 잔다.	아기, 나기 마기, 사기	

5차시

자음 ㅈ ㅊ ㅋ

📖**학습 목표** • 자음 ㅈ, ㅊ, ㅋ으로 이루어진 글자를 쓰고, 이와 관련된 낱말에 대해서 학습할 수 있다.

📁 **똑같은 자음 찾아보기**

● 낱말을 보고 공통적으로 들어간 자음을 찾아보세요.

| 주차 | | 자리 |
| 바지 | | 가지 |

| 기차 | | 마차 |
| 고치 | | 차로 |

| 스키 | | 쿠키 |
| 카드 | | 키위 |

| 자라 | | 자루 |
| 바자회 | | 이자 |

📁 **자음 따라 쓰기**

● 아래 자음을 따라 써 봅시다. 자음을 쓰는 순서를 주의하세요.

자음	따라 쓰기			
ㅈ				
ㅊ				
ㅋ				

📁 단어 따라 쓰기

● 자음에 유의하여 다음 빈칸을 채워 보세요.

자음	단어
ㅈ	주차 ⇨ [　　ㅜ　] 차 ⇨ [　　　] 차 ⇨ [　　][　　]
	자리 ⇨ [　ㅏ] 리 ⇨ [　　] 리 ⇨ [　　][　][　]
	바지 ⇨ 바 [　ㅣ] ⇨ 바 [　　] ⇨ [　　][　　]
	가지 ⇨ 가 [　ㅣ] ⇨ 가 [　　] ⇨ [　　]

자음	단어
ㅊ	기차 ⇨ 기 [　ㅏ] ⇨ 기 [　　] ⇨ [　　][　][　]
	마차 ⇨ 마 [　ㅏ] ⇨ 마 [　　] ⇨ [　　][　]
	고치 ⇨ 고 [　ㅣ] ⇨ 고 [　　] ⇨ [　][　]
	차로 ⇨ [　ㅏ] 로 ⇨ [　　] 로 ⇨ [　][　]

자음	단어
ㅋ	카드 ⇨ ☐ ㅏ 드 ⇨ ☐☐ 드 ⇨ ☐☐ ☐☐
	쿠키 ⇨ ☐ ㅜ ☐ ㅣ ⇨ ☐☐ ☐☐
	스키 ⇨ 스 ☐ ㅣ ⇨ 스 ☐☐ ⇨ ☐☐ ☐☐
	키위 ⇨ ☐ ㅣ 위 ⇨ ☐☐ 위 ⇨ ☐☐ ☐☐

📁 받아쓰기

- 선생님께서 불러 주시는 단어를 받아쓰기해 보세요.

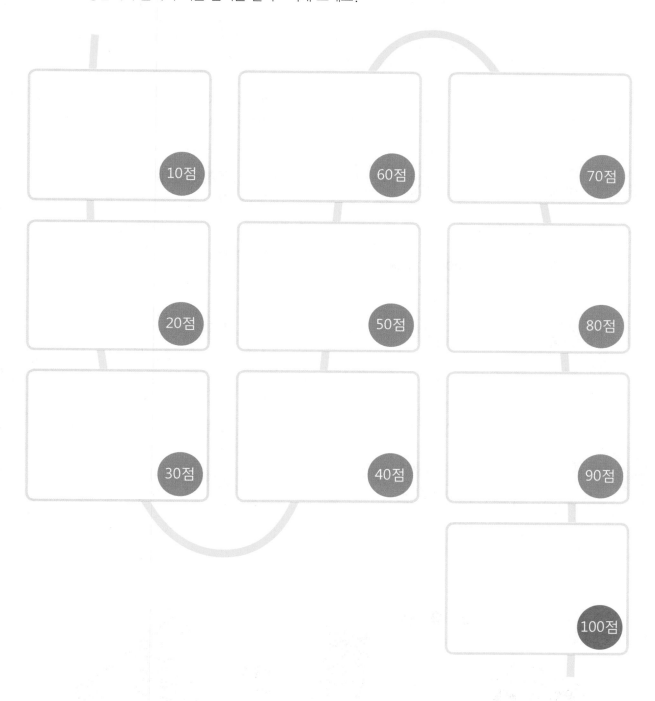

※ 선생님께서는 정답지에 있는 단어를 보고 받아쓰기를 지도해 주세요.

📁 알맞은 단어 쓰기

● 다음 문장을 읽고 알맞은 단어를 빈칸에 적어 보세요.

문장	알맞은 단어 찾기	단어
1. 엄마가 자동차를 _____하셨다.	부차, 구차 수차, 주차	
2. 누에가 _____를 만들었다.	노치, 조치 모치, 고치	
3. 친구와 _____놀이를 하다.	바드, 카드 마드, 자드	
4. 감을 _____에 담다.	바루, 차루 자루, 카루	
5. _____를 입다.	바리, 바치 바키, 바지	
6. _____에 차가 지나간다.	마로, 차로 사로, 자로	

6차시

자음 ㅌ ㅍ ㅎ

📖 **학습 목표** • 자음 ㅌ, ㅍ, ㅎ으로 이루어진 글자를 쓰고, 이와 관련된 낱말에 대해서 학습할 수 있다.

📁 **똑같은 자음 찾아보기**

● 낱말을 보고 공통적으로 들어간 자음을 찾아보세요.

| 토끼 | | 투구 |
| 터키 | | 타자 |

| 표기 | | 차표 |
| 피리 | | 파리 |

| 하마 | | 호미 |
| 허리 | | 하루 |

| 호미 | | 후추 |
| 하나 | | 하키 |

📁 **자음 따라 쓰기**

● 아래 자음을 따라 써 봅시다. 자음을 쓰는 순서를 주의하세요.

자음	따라 쓰기			
ㅌ				
ㅍ				
ㅎ				

📁 단어 따라 쓰기

● 자음에 유의하여 다음 빈칸을 채워 보세요.

자음	단어
ㅌ	토끼 ⇨ [ ]ㅗ 끼 ⇨ [ ] 끼 ⇨ [ ][ ]
	투구 ⇨ [ ]ㅜ 구 ⇨ [ ] 구 ⇨ [ ][ ]
	터키 ⇨ [ ]ㅓ 키 ⇨ [ ] 키 ⇨ [ ][ ]
	타자 ⇨ [ ]ㅏ 자 ⇨ [ ] 자 ⇨ [ ][ ]

자음	단어
ㅍ	표기 ⇨ [ ]ㅛ 기 ⇨ [ ] 기 ⇨ [ ][ ]
	차표 ⇨ 차[ ]ㅛ ⇨ 차[ ] ⇨ [ ][ ]
	피리 ⇨ [ ]ㅣ 리 ⇨ [ ] 리 ⇨ [ ][ ]
	파리 ⇨ [ ]ㅏ 리 ⇨ [ ] 리 ⇨ [ ][ ]

자음	단어
ㅎ	호미 ⇨ [ㅗ]미 ⇨ [ ]미 ⇨ [ ][ ]
	후추 ⇨ [ㅜ]추 ⇨ [ ]추 ⇨ [ ][ ]
	하나 ⇨ [ㅏ]나 ⇨ [ ]나 ⇨ [ ][ ]
	하키 ⇨ [ㅏ]키 ⇨ [ ]키 ⇨ [ ][ ]

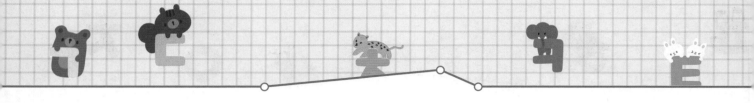

📁 받아쓰기

● 선생님께서 불러 주시는 단어를 받아쓰기해 보세요.

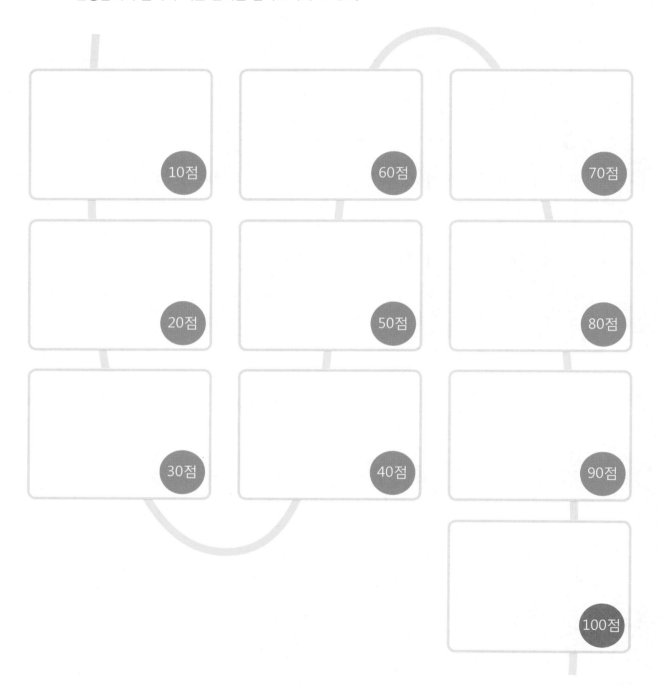

10점

60점

70점

20점

50점

80점

30점

40점

90점

100점

※ 선생님께서는 정답지에 있는 단어를 보고 받아쓰기를 지도해 주세요.

📁 알맞은 단어 쓰기

● 다음 문장을 읽고 알맞은 단어를 빈칸에 적어 보세요.

문장	알맞은 단어 찾기	단어
1. 숲속에서 _____를 보다.	조끼, 토끼 도끼, 호끼	
2. _____를 불다.	디리, 기리 피리, 히리	
3. 훌라후프를 _____로 돌리다.	커리, 저리 터리, 허리	
4. 고기를 구울 때 _____를 뿌렸다.	후추, 누추 투추, 투추	
5. 컴퓨터 _____ 속도가 빠르다.	다자, 타자 하자, 나자	
6. 시골집으로 가는 _____를 사다.	차효, 차됴 차표, 차묘	

쌍자음 ㄲ ㄸ ㅃ ㅆ

📖**학습 목표** • 쌍자음 ㄲ, ㄸ, ㅃ, ㅆ으로 이루어진 글자를 쓰고, 이와 관련된 낱말에 대해서 학습할 수 있다.

📁 똑같은 쌍자음 찾아보기

● 낱말을 보고 공통적으로 들어간 쌍자음을 찾아보세요.

| 꾸러기 | | 토끼 |
| 코끼리 | | 자꾸 |

| 뛰기 | | 따기 |
| 널뛰기 | | 따오기 |

| 빠르기 | | 뿔 |
| 나쁘다 | | 뽀얗다 |

| 쓰기 | | 싸움 |
| 쓰레기 | | 씨름 |

📁 쌍자음 따라 쓰기

● 아래 쌍자음을 따라 써 봅시다. 쌍자음을 쓰는 순서를 주의하세요.

쌍자음	따라 쓰기				
ㄲ					
ㄸ					
ㅃ					
ㅆ					

단어 따라 쓰기

● 쌍자음에 유의하여 다음 빈칸을 채워 보세요.

쌍자음	단어
ㄲ	꾸러기 ⇨ [ㅜ]러기 ⇨ [ ]러기 ⇨ [ ][ ][ ]
	토끼 ⇨ 토[ㅣ] ⇨ 토[ ] ⇨ [ ][ ]
	코끼리 ⇨ 코[ㅣ]리 ⇨ 코[ ]리 ⇨ [ ][ ][ ]
	자꾸 ⇨ 자[ㅜ] ⇨ 자[ ] ⇨ [ ][ ]

쌍자음	단어
ㄸ	뛰기 ⇨ [ㅜ ㅣ]기 ⇨ [ ]기 ⇨ [ ][ ]
	따기 ⇨ [ㅏ]기 ⇨ [ ]기 ⇨ [ ][ ]
	널뛰기 ⇨ 널[ㅜ ㅣ]기 ⇨ 널[ ]기 ⇨ [ ][ ][ ]
	따오기 ⇨ [ㅏ]오기 ⇨ [ ]오기 ⇨ [ ][ ][ ]

쌍자음	단어					
ㅃ	빠르기 ⇨	[ㅏ 르기] ⇨	[ ] 르기 ⇨	[ ]	[ ]	[ ]
	나쁘다 ⇨ 나	[ㅡ] 다 ⇨ 나	[ ] 다 ⇨	[ ]	[ ]	[ ]
	뿔 ⇨	[ㅜ ㄹ] ⇨	[ ]			
	뽀얗다 ⇨	[ㅗ] 얗다 ⇨	[ ] 얗다 ⇨	[ ]	[ ]	[ ]

쌍자음	단어				
ㅆ	쓰기 ⇨	[ㅡ] 기 ⇨	[ ] 기 ⇨	[ ]	[ ]
	싸움 ⇨	[ㅏ] 움 ⇨	[ ] 움 ⇨	[ ]	[ ]
	씨름 ⇨	[ㅣ] 름 ⇨	[ ] 름 ⇨	[ ]	[ ]
	쓰레기 ⇨	[ㅡ] 레기 ⇨	[ ] 레기 ⇨	[ ]	[ ]

📁 받아쓰기

● 선생님께서 불러 주시는 단어를 받아쓰기해 보세요.

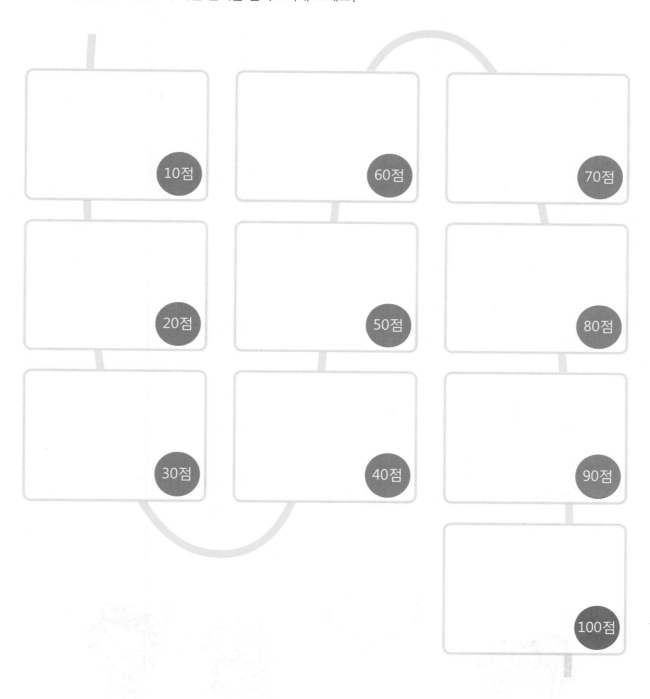

※ 선생님께서는 정답지에 있는 단어를 보고 받아쓰기를 지도해 주세요.

📁 알맞은 단어 쓰기

● 다음 문장을 읽고 알맞은 단어를 빈칸에 적어 보세요.

문장	알맞은 단어 찾기	단어
1. 동물원에서 _____를 보다.	코기리, 코끼리 코띠리, 코씨리	
2. 캥거루는 껑충껑충 _____를 좋아한다.	뛰기, 뒤기 쀠기, 뀌기	
3. 사슴의 _____이 크다.	불, 뚤 꿀, 뿔	
4. 글씨 _____가 재미있다.	뜨기, 끄기 쓰기, 쁘기	
5. 내 동생은 장난 _____이다.	꾸러기, 뚜러기 뿌러기, 쑤러기	
6. 친구와 _____을 해서 혼이 났다.	까움, 따움 싸움, 빠움	

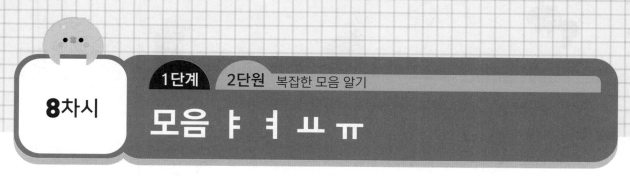

모음 ㅑㅕㅛㅠ

📖 **학습 목표** · 모음 ㅑ, ㅕ, ㅛ, ㅠ 로 이루어진 글자를 쓰고, 이와 관련된 낱말에 대해서 학습할 수 있다.

📁 똑같은 모음 찾아보기

● 낱말을 보고 공통적으로 들어간 모음을 찾아보세요.

| 야구 | ㅑ | 샤워 |
| 야채 | | 양 |

| 여우 | | 여자 |
| 마녀 | | 별 |

| 요정 | | 학교 |
| 효녀 | | 용 |

| 우유 | | 휴지 |
| 유리 | | 귤 |

📁 모음 따라 쓰기

● 아래 모음을 따라 써 봅시다. 모음을 쓰는 순서를 주의하세요.

모음	따라 쓰기			
ㅑ				
ㅕ				
ㅛ				
ㅠ				

단어 따라 쓰기

● 모음에 유의하여 다음 빈칸을 채워 보세요.

모음	단어
ㅑ	야채 ⇨ ㅇ [ ] 채 ⇨ [ ][ ] 채 ⇨ [ ][ ]
	야구 ⇨ ㅇ [ ] 구 ⇨ [ ][ ] 구 ⇨ [ ][ ]
	샤워 ⇨ ㅅ [ ] 워 ⇨ [ ][ ] 워 ⇨ [ ][ ]
	양 ⇨ ㅇ[ ]ㅇ ⇨ [ ][ ]ㅇ ⇨ [ ][ ]

모음	단어
ㅕ	여기 ⇨ ㅇ [ ] 기 ⇨ [ ][ ] 기 ⇨ [ ][ ]
	여우 ⇨ ㅇ [ ] 우 ⇨ [ ][ ] 우 ⇨ [ ][ ]
	겨자 ⇨ ㄱ [ ] 자 ⇨ [ ][ ] 자 ⇨ [ ][ ]
	옆길 ⇨ ㅇ[ ]ㅍ 길 ⇨ [ ][ ] 길 ⇨ [ ][ ]

모음	단어
ㅛ	요정 ⇨ [　ㅇ　] 정 ⇨ [　] 정 ⇨ [　][　]
	학교 ⇨ 학 [　ㄱ　] ⇨ 학 [　] ⇨ [　][　]
	효녀 ⇨ [　ㅎ　] 녀 ⇨ [　] 녀 ⇨ [　][　]
	용 ⇨ [ㅇ/ㅇ] ⇨ [　]

모음	단어
ㅠ	유리 ⇨ [　ㅇ　] 리 ⇨ [　] 리 ⇨ [　][　]
	우유 ⇨ 우 [　ㅇ　] ⇨ 우 [　] ⇨ [　][　]
	휴지 ⇨ [　ㅎ　] 지 ⇨ [　] 지 ⇨ [　][　]
	귤 ⇨ [ㄱ/ㄹ] ⇨ [　]

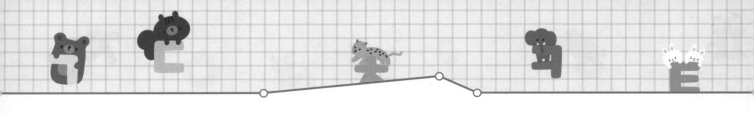

📁 받아쓰기

● 선생님께서 불러 주시는 단어를 받아쓰기해 보세요.

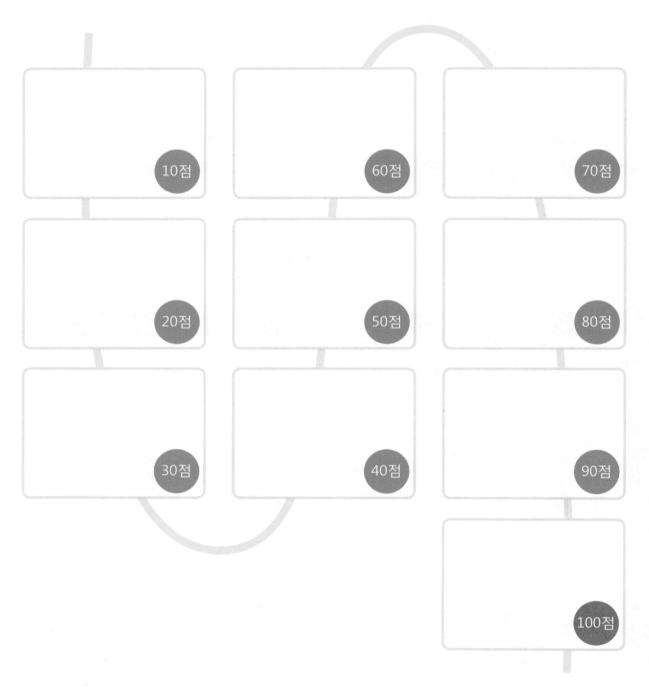

※ 선생님께서는 정답지에 있는 단어를 보고 받아쓰기를 지도해 주세요.

📁 알맞은 단어 쓰기

● 다음 문장을 읽고 알맞은 단어를 빈칸에 적어 보세요.

문장	알맞은 단어 찾기	단어
1. 신선한 _____는 몸에 좋아.	요채, 야채 유채, 여채	
2. 엄마는 _____, 아빠는 남자!	유자, 여자 요자, 야자	
3. _____은 상상의 동물이야.	융, 용 영, 양	
4. 지금은 _____에 갈 시간이야.	학규, 학겨 학갸, 학교	
5. _____를 먹으면 뼈가 튼튼해져.	우요, 우여 우유, 우야	
6. _____은 주황색이다.	골, 결 귤, 걀	

모음 ㅢ ㅟ ㅘ ㅝ

📖 **학습 목표** ・모음 ㅢ, ㅟ, ㅘ, ㅝ 로 이루어진 글자를 쓰고, 이와 관련된 낱말에 대해서 학습할 수 있다.

📁 **똑같은 모음 찾아보기**

● 낱말을 보고 공통적으로 들어간 모음을 찾아보세요.

의자	ㅢ	무늬
의사		흰옷

바퀴		가위
취미		튀김

과자		화가
동화책		과일

원숭이		공원
병원		태권도

📁 **모음 따라 쓰기**

● 아래 모음을 따라 써 봅시다. 모음을 쓰는 순서를 주의하세요.

모음	따라 쓰기			
ㅢ				
ㅟ				
ㅘ				
ㅝ				

📁 단어 따라 쓰기

● 모음에 유의하여 다음 빈칸을 채워 보세요.

모음	단어
ㅢ	의자 ⇨ ㅇ☐ 자 ⇨ ☐☐ 자 ⇨ ☐☐ ☐☐
	의사 ⇨ ㅇ☐ 사 ⇨ ☐☐ 사 ⇨ ☐☐ ☐☐
	무늬 ⇨ 무 ㄴ☐ ⇨ 무 ☐☐ ⇨ ☐☐ ☐☐
	흰옷 ⇨ ㅎ☐ㄴ 옷 ⇨ ☐☐ 옷 ⇨ ☐☐ ☐☐

모음	단어
ㅟ	바퀴 ⇨ 바 ㅋ☐ ⇨ 바 ☐☐ ⇨ ☐☐ ☐☐
	가위 ⇨ 가 ㅇ☐ ⇨ 가 ☐☐ ⇨ ☐☐ ☐☐
	튀김 ⇨ ㅌ☐ 김 ⇨ ☐☐ 김 ⇨ ☐☐ ☐☐
	취미 ⇨ ㅊ☐ 미 ⇨ ☐☐ 미 ⇨ ☐☐ ☐☐

모음	단어
ㅘ	과자 ⇨ ㄱ☐ 자 ⇨ ☐☐ 자 ⇨ ☐☐☐☐ 화가 ⇨ ㅎ☐ 가 ⇨ ☐☐ 가 ⇨ ☐☐☐☐ 과일 ⇨ ㄱ☐ 일 ⇨ ☐☐ 일 ⇨ ☐☐☐☐ 사과 ⇨ 사 ㄱ☐ ⇨ 사 ☐☐ ⇨ ☐☐☐☐

모음	단어
ㅝ	권 ⇨ ㄱ☐ㄴ ⇨ ☐☐☐ 태권 ⇨ 태 ㄱ☐ㄴ ⇨ 태 ☐☐☐ ⇨ ☐☐☐☐☐ 원장 ⇨ ㅇ☐ㄴ 장 ⇨ ☐☐ 장 ⇨ ☐☐☐☐ 병원 ⇨ 병 ㅇ☐ㄴ ⇨ 병 ☐☐ ⇨ ☐☐☐☐

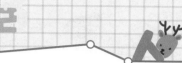

📁 받아쓰기

● 선생님께서 불러 주시는 단어를 받아쓰기해 보세요.

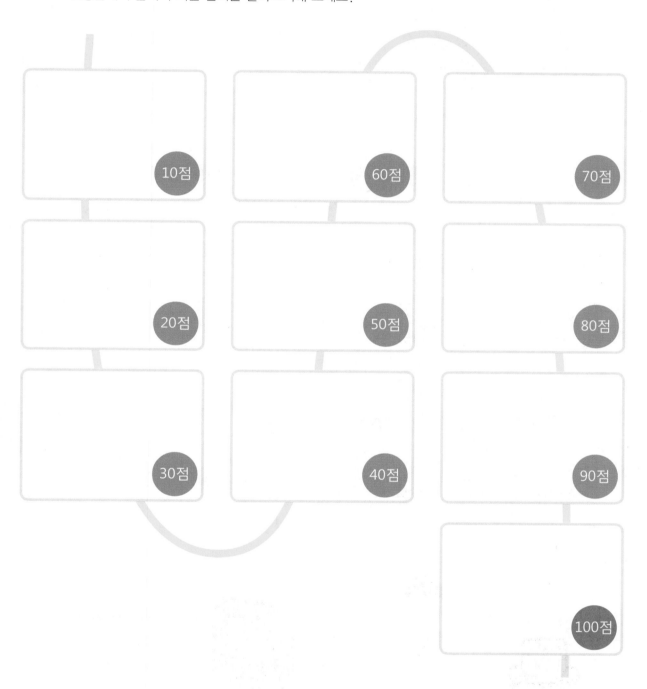

※ 선생님께서는 정답지에 있는 단어를 보고 받아쓰기를 지도해 주세요.

📁 **알맞은 단어 쓰기**

● 다음 문장을 읽고 알맞은 단어를 빈칸에 적어 보세요.

문장	알맞은 단어 찾기	단어
1. _____가 푹신하다.	위자, 워자 와자, 의자	
2. _____ 선생님께서 친절하시다.	의사, 위사 와사, 워사	
3. _____를 가지고 놀면 위험하단다.	가위, 가와 가워, 가의	
4. 내 _____는 그림 그리기야.	취미, 최미 촤미, 춰미	
5. 동생에게 _____을 읽어 주었다.	동화책, 동훠책 동희책, 동휘책	
6. 다리를 다쳐서 _____에 갔다.	병완, 병원 병원, 병인	

모음 ㅐ ㅔ ㅒ ㅖ

📖 **학습 목표** • 모음 ㅐ, ㅔ, ㅒ, ㅖ로 이루어진 글자를 쓰고, 이와 관련된 낱말에 대해서 학습할 수 있다.

📁 **똑같은 모음 찾아보기**

● 낱말을 보고 공통적으로 들어간 모음을 찾아보세요.

| 개미 | | 태극기 |
| 새우 | ㅐ | 태양 |

| 세모 | | 테니스 |
| 베개 | | 가게 |

| 얘 | | 얘기 |
| 얘기책 | | 얘기꾼 |

| 계란 | | 체중계 |
| 계절 | | 시계 |

📁 **모음 따라 쓰기**

● 아래 모음을 따라 써 봅시다. 모음을 쓰는 순서를 주의하세요.

모음	따라 쓰기			
ㅐ				
ㅔ				
ㅒ				
ㅖ				

📁 단어 따라 쓰기

● 모음에 유의하여 다음 빈칸을 채워 보세요.

모음	단어
ㅐ	개미 ⇨ ㄱ [ ] 미 ⇨ [ ][ ] 미 ⇨ [ ][ ]
	새우 ⇨ ㅅ [ ] 우 ⇨ [ ] 우 ⇨ [ ][ ]
	태극기 ⇨ ㅌ [ ] 극기 ⇨ [ ][ ] 극기 ⇨ [ ][ ][ ]
	태양 ⇨ ㅌ [ ] 양 ⇨ [ ][ ] 양 ⇨ [ ][ ]

모음	단어
ㅔ	세모 ⇨ ㅅ [ ] 모 ⇨ [ ] 모 ⇨ [ ][ ]
	베개 ⇨ ㅂ [ ] 개 ⇨ [ ] 개 ⇨ [ ][ ]
	테니스 ⇨ ㅌ [ ] 니스 ⇨ [ ][ ] 니스 ⇨ [ ][ ][ ]
	제거 ⇨ ㅈ [ ] 거 ⇨ [ ][ ] 거 ⇨ [ ][ ]

모음	단어
ㅐ (ㅣ와 ㅑ의 줄임말)	얼기 ⇨ ㅇ [ ] 기 ⇨ [ ][ ] 기 ⇨ [ ][ ] (이야기)
	얘기꾼 ㅇ [ ] 기꾼 ⇨ [ ][ ] 기꾼 ⇨ [ ][ ][ ] (이야기꾼)
	얘기책 ㅇ [ ] 기책 ⇨ [ ][ ] 기책 ⇨ [ ][ ][ ] (이야기책)
	얘 ⇨ ㅇ [ ] ⇨ [ ][ ] (이 아이)

모음	단어
ㅖ	계란 ⇨ ㄱ [ ] 란 ⇨ [ ][ ] 란 ⇨ [ ][ ]
	시계 ⇨ 시 ㄱ [ ] ⇨ 시 [ ] ⇨ [ ][ ]
	계절 ⇨ ㄱ [ ] 절 ⇨ [ ][ ] 절 ⇨ [ ][ ]
	체중계 ⇨ 체중 ㄱ [ ] ⇨ 체중 [ ] ⇨ [ ][ ][ ]

📁 받아쓰기

- 선생님께서 불러 주시는 단어를 받아쓰기해 보세요.

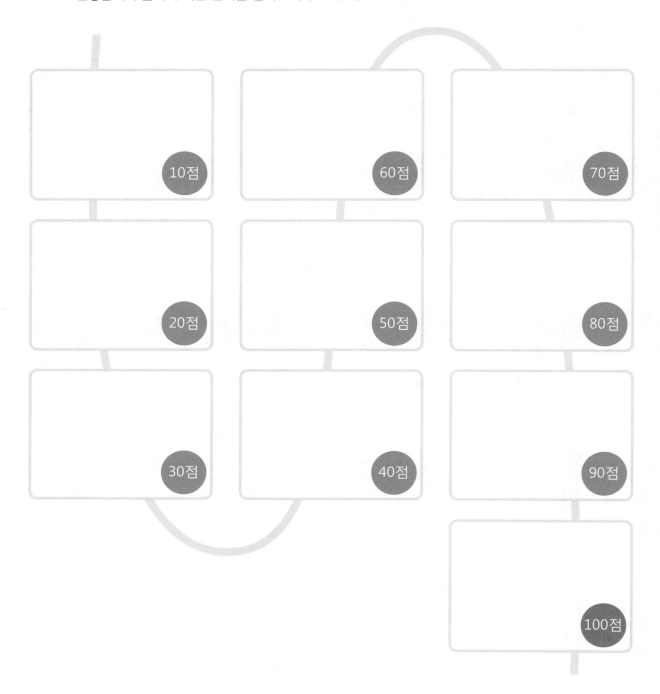

10점

60점

70점

20점

50점

80점

30점

40점

90점

100점

※ 선생님께서는 정답지에 있는 단어를 보고 받아쓰기를 지도해 주세요.

📁 알맞은 단어 쓰기

● 다음 문장을 읽고 알맞은 단어를 빈칸에 적어 보세요.

문장	알맞은 단어 찾기	단어
1. _____은 지구를 밝게 비춘다.	테양, 태양 태양, 테양	
2. _____에 가서 호박 좀 사 올래?	가개, 가계 가걔, 가게	
3. _____가 째깍째깍 움직인다.	시계, 시개 시게, 시걔	
4. _____는 자주 빨아야 한다.	베개, 배게 걔개, 베게	
5. 닭이 _____을 낳는다.	개란, 계란 걔란, 게란	
6. _____는 열심히 일을 한다.	개미, 게미 걔미, 계미	

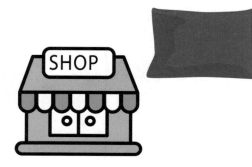

모음 ㅚ ㅙ ㅞ

📖 **학습 목표** • 모음 ㅚ, ㅙ, ㅞ로 이루어진 글자를 쓰고, 이와 관련된 낱말에 대해서 학습할 수 있다.

📂 똑같은 모음 찾아보기

● 낱말을 보고 공통적으로 들어간 모음을 찾아보세요.

| 참외 | | 쇠고기 |
| 교회 | ㅚ | 괴물 |

| 돼지 | | 상쾌 |
| 인쇄 | | 횃불 |

| 웨딩 드레스 | | 스웨터 |
| 꿰매다 | | 훼손 |

📂 모음 따라 쓰기

● 아래 모음을 따라 써 봅시다. 모음을 쓰는 순서를 주의하세요.

모음	따라 쓰기				
ㅚ					
ㅙ					
ㅞ					

📁 단어 따라 쓰기

● 모음에 유의하여 다음 빈칸을 채워 보세요.

모음	단어
ㅚ	참외 ➡ 참[ㅇ] ➡ 참[ ] ➡ [ ][ ] 괴물 ➡ [ㄱ]물 ➡ [ ]물 ➡ [ ][ ] 교회 ➡ 교[ㅎ] ➡ 교[ ] ➡ [ ][ ] 쇠고기 ➡ [ㅅ]고기 ➡ [ ]고기 ➡ [ ][ ][ ]

모음	단어
ㅙ	돼지 ➡ [ㄷ]지 ➡ [ ]지 ➡ [ ][ ] 상쾌 ➡ 상[ㅋ] ➡ 상[ ] ➡ [ ][ ] 인쇄 ➡ 인[ㅅ] ➡ 인[ ] ➡ [ ][ ] 횃불 ➡ [ㅎㅅ]불 ➡ [ ]불 ➡ [ ][ ]

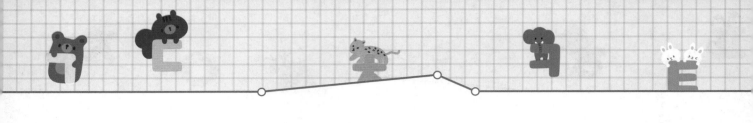

모음	단어
ㅔ	웨딩드레스 ⇨ ㅇ◻️ 딩드레스 ⇨ ◻️◻️ 딩드레스 ⇨ ◻️◻️ ◻️◻️ ◻️◻️ ◻️◻️ ◻️◻️
	스웨터 ⇨ 스 ㅇ◻️ 터 ⇨ 스 ◻️◻️ 터 ⇨ ◻️◻️ ◻️◻️ ◻️◻️
	꿰매다 ⇨ ㄲ◻️ 매다 ⇨ ◻️◻️ 매다 ⇨ ◻️◻️ ◻️◻️ ◻️◻️
	훼손 ⇨ ㅎ◻️ 손 ⇨ ◻️◻️ 손 ⇨ ◻️◻️ ◻️◻️

받아쓰기

- 선생님께서 불러 주시는 단어를 받아쓰기해 보세요.

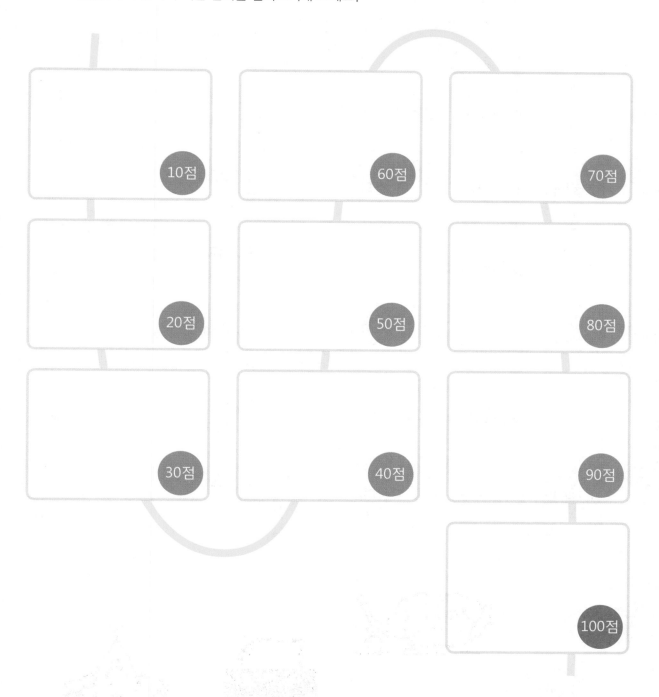

10점

60점

70점

20점

50점

80점

30점

40점

90점

100점

※ 선생님께서는 정답지에 있는 단어를 보고 받아쓰기를 지도해 주세요.

📁 알맞은 단어 쓰기

● 다음 문장을 읽고 알맞은 단어를 빈칸에 적어 보세요.

문장	알맞은 단어 찾기	단어
1. _____는 노란색 과일이다.	참외, 참왜 참웨, 참에	
2. 정혜는 일요일에 _____를 간다.	교홰, 교훼 교회, 교히	
3. _____고기는 맛있다.	돼지, 되지 뒈지, 도지	
4. 종이에 _____를 해야겠다.	인쉐, 인쇄 인쇠, 인새	
5. _____드레스가 너무 예뻐요!	왜딩, 웨딩 외딩, 오딩	드레스
6. 할머니께서는 _____를 짜신다.	스왜터, 스외터 스웨터, 스이터	

12차시 받침 ㅇㄱㅁㅂ (1)

📖 **학습 목표** • 받침 ㅇ, ㄱ, ㅁ, ㅂ으로 이루어진 글자를 쓰고, 이와 관련된 낱말에 대해서 학습할 수 있다.

📁 똑같은 받침(자음) 찾아보기

● 낱말을 보고 공통적으로 들어간 받침(자음)을 찾아보세요.

| 강 | | 공책 |
| 왕 | | 동전 |

| 죽 | | 박수 |
| 국 | | 식구 |

| 몸 | | 사슴 |
| 춤 | | 하품 |

| 밥 | | 합창 |
| 입 | | 대답 |

📁 대표 단어 써 보기

● 아래 대표 단어를 따라 써 봅시다.

글자	따라 쓰기			
강				
죽				
몸				
밥				

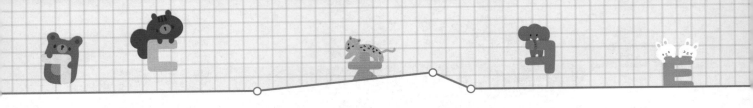

단어 따라 쓰기

● 받침(자음)에 유의하여 다음 빈칸을 채워 보세요.

받침	단어
ㅇ	강 ⇨ ㄱ ㅏ ⇨ ㄱ ⇨
	왕 ⇨ ㅗ ㅏ ⇨ ㅇ ⇨
	공책 ⇨ ㅗ 책 ⇨ ㄱ 책 ⇨
	동전 ⇨ ㄷ ㅗ 전 ⇨ ㄷ 전 ⇨

받침	단어
ㄱ	죽 ⇨ ㅈ ㅜ ⇨ ㅈ ⇨
	국 ⇨ ㄱ ㅜ ⇨ ㄱ ⇨
	박수 ⇨ ㅂ ㅏ 수 ⇨ ㅂ 수 ⇨
	식구 ⇨ ㅅ ㅣ 구 ⇨ ㅅ 구 ⇨

받침	단어
ㅁ	몸 ⇨ ㅗ/ㅁ ⇨ ㅁ ⇨
	춤 ⇨ ㅊ/ㅜ ⇨ ㅊ ⇨
	사슴 ⇨ 사 ㅅ/ㅡ ⇨ 사 ㅅ ⇨
	하품 ⇨ 하 ㅍ/ㅜ ⇨ 하 ㅍ ⇨

받침	단어
ㅂ	밥 ⇨ ㅂ/ㅏ ⇨ ㅂ ⇨
	입 ⇨ ㅇ/ㅣ ⇨ ㅇ ⇨
	합창 ⇨ ㅎ/ㅏ 창 ⇨ ㅎ 창 ⇨
	대답 ⇨ 대 ㄷ/ㅏ ⇨ 대 ㄷ ⇨

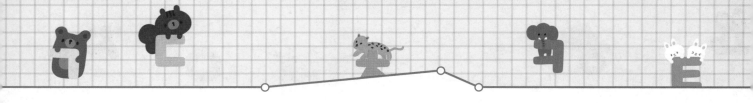

📁 받아쓰기

● 선생님께서 불러 주시는 단어를 받아쓰기해 보세요.

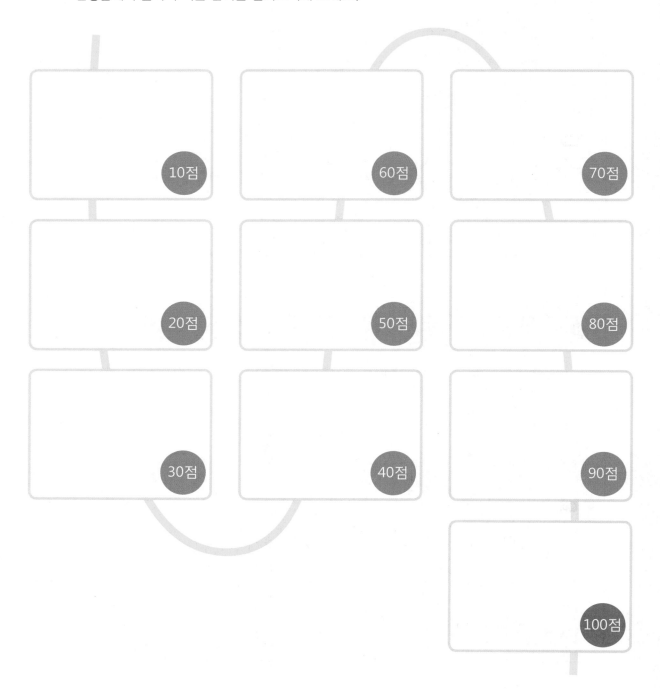

10점

60점

70점

20점

50점

80점

30점

40점

90점

100점

※ 선생님께서는 정답지에 있는 단어를 보고 받아쓰기를 지도해 주세요.

📁 알맞은 단어 쓰기

● 다음 문장을 읽고 알맞은 단어를 빈칸에 적어 보세요.

문장	알맞은 단어 찾기	단어
1. 나는 하늘색 _____이 좋아.	고책, 공책 강책, 객책	
2. 어머니의 질문에 _____했습니다.	대답, 다답 두답, 동답	
3. 나는 100원짜리 _____이 세 개 있다.	독전, 동전 당전, 됑전	
4. 너무 졸려서 _____이 나와.	해품, 학품 하품, 혁품	
5. 밥과 _____이 준비되어 있다.	국, 걱 궁, 굽	
6. _____이 뛰어간다.	사슴, 사습 사삼, 사틈	

13차시 받침 ㅇㄱㅁㅂ (2)

📖 **학습 목표** • 받침 ㅇ,ㄱ,ㅁ,ㅂ으로 이루어진 글자를 쓰고, 이와 관련된 낱말에 대해서 학습할 수 있다.

📁 똑같은 받침(자음) 찾아보기

● 낱말을 보고 공통적으로 들어간 받침(자음)을 찾아보세요.

호랑이	자동차
송아지	공놀이

목소리	백화점
책꽂이	박물관

다람쥐	솜사탕
나침반	컴퓨터

십자가	비빔밥
집안일	겁쟁이

📁 대표 단어 써 보기

● 아래 대표 단어를 따라 써 봅시다.

글자	따라 쓰기
호 랑 이	
목 소 리	
나 침 반	
겁 쟁 이	

📁 단어 따라 쓰기

● 받침(자음)에 유의하여 다음 빈칸을 채워 보세요.

받침	단어
ㅇ	호랑이 ⇨ 호 [ㄹ ㅏ] 이 ⇨ 호 [ㄹ] 이 ⇨
	자동차 ⇨ 자 [ㄷ ㅗ] 차 ⇨ 자 [ㄷ] 차 ⇨
	송아지 ⇨ [ㅅ ㅗ] 아지 ⇨ [ㅅ] 아지 ⇨
	공놀이 ⇨ [ㄱ ㅗ] 놀이 ⇨ [ㄱ] 놀이 ⇨

받침	단어
ㄱ	목소리 ⇨ [ㅁ ㅗ] 소리 ⇨ [ㅁ] 소리 ⇨
	백화점 ⇨ [ㅂ ㅐ] 화점 ⇨ [ㅂ] 화점 ⇨
	책꽂이 ⇨ [ㅊ ㅐ] 꽂이 ⇨ [ㅊ] 꽂이 ⇨
	박물관 ⇨ [ㅂ ㅏ] 물관 ⇨ [ㅂ] 물관 ⇨

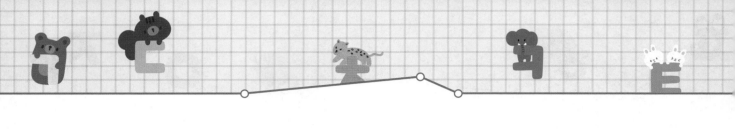

받침	단어
ㅁ	다람쥐 ⇨ 다[ㄹ ㅏ]쥐 ⇨ 다[ㄹ]쥐 ⇨
	솜사탕 ⇨ [ㅗ]사탕 ⇨ [ㅅ]사탕 ⇨
	나침반 ⇨ 나[ㅊ ㅣ]반 ⇨ 나[ㅊ]반 ⇨
	컴퓨터 ⇨ [ㅋ ㅓ]퓨터 ⇨ [ㅋ]퓨터 ⇨

받침	단어
ㅂ	십자가 ⇨ [ㅅ ㅣ]자가 ⇨ [ㅅ]자가 ⇨
	비빔밥 ⇨ 비빔[ㅂ ㅏ] ⇨ 비빔[ㅂ] ⇨
	집안일 ⇨ [ㅈ ㅣ]안일 ⇨ [ㅈ]안일 ⇨
	겁쟁이 ⇨ [ㄱ ㅓ]쟁이 ⇨ [ㄱ]쟁이 ⇨

📁 받아쓰기

● 선생님께서 불러 주시는 단어를 받아쓰기해 보세요.

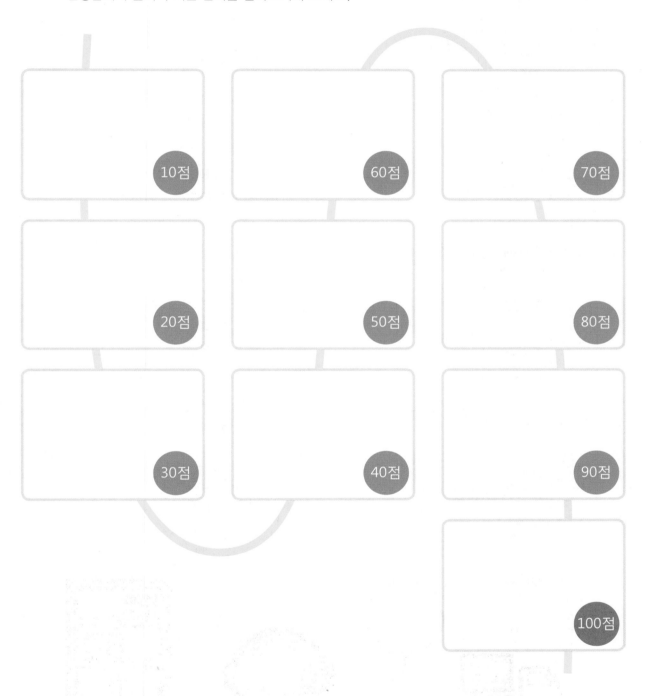

※ 선생님께서는 정답지에 있는 단어를 보고 받아쓰기를 지도해 주세요.

📁 알맞은 단어 쓰기

● 다음 문장을 읽고 알맞은 단어를 빈칸에 적어 보세요.

문장	알맞은 단어 찾기	단어		
1. 저 _____는 파란색이다.	자독차, 자동차 자장차, 자송차			
2. _____에 책이 많다.	책꽂이, 챕꽂이 칙꽂이, 챔꽂이			
3. 놀이공원에 가면 달콤한 _____을 사 먹을 수 있다.	삼사탕, 솜사탕 솝사탕, 숨사탕			
4. 나는 _____가 아니야.	갑쟁이, 감쟁이 검쟁이, 겁쟁이			
5. _____는 소의 새끼이다.	송아지, 상아지 속아지, 숨아지			
6. _____에는 많은 채소가 들어간다.	비빔밥, 비빕밥 비법밥, 비밥밥			

1단계 **3단원** 받침낱말 알기

받침 ㄴㄷㄹ (1)

📖 **학습 목표** • 받침 ㄴ,ㄷ,ㄹ로 이루어진 글자를 쓰고, 이와 관련된 낱말에 대해서 학습할 수 있다.

📁 똑같은 받침(자음) 찾아보기

● 낱말을 보고 공통적으로 들어간 받침(자음)을 찾아보세요.

산		인사
계단		연필

해돋이		받침
돋보기		숟가락

필통		밀가루
돌고래		코뿔소

📁 대표 단어 써 보기

● 아래 대표 단어를 따라 써 봅시다.

글자			따라 쓰기		
계	단				
돋	보	기			
밀	가	루			
코	뿔	소			

단어 따라 쓰기

● 받침(자음)에 유의하여 다음 빈칸을 채워 보세요.

받침	단어
ㄴ	산 ⇨ ㅅㅏ ⇨ ㅅ □ ⇨ □□
	인사 ⇨ ㅇㅣ 사 ⇨ ㅇ□ 사 ⇨ □□ □□
	계단 ⇨ 계 ㄷㅏ ⇨ 계 ㄷ□ ⇨ □□ □□
	연필 ⇨ ㅇㅓ 필 ⇨ ㅇ□ 필 ⇨ □□ □□

받침	단어
ㄷ	해돋이 ⇨ 해 ㄷㅗ 이 ⇨ 해 ㄷ□ 이 ⇨ □□ □□ □□
	받침 ⇨ ㅂㅏ 침 ⇨ ㅂ□ 침 ⇨ □□ □□
	돋보기 ⇨ ㄷㅗ 보기 ⇨ ㄷ□ 보기 ⇨ □□ □□ □□
	숟가락 ⇨ ㅅㅜ 가락 ⇨ ㅅ□ 가락 ⇨ □□ □□ □□

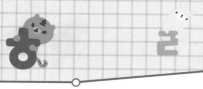

받침	단어
ㄹ	필통 ⇨ ㅍ ㅣ 통 ⇨ ㅍ 통 ⇨
	돌고래 ⇨ ㄷ ㅗ 고래 ⇨ ㄷ 고래 ⇨
	밀가루 ⇨ ㅁ ㅣ 가루 ⇨ ㅁ 가루 ⇨
	코뿔소 ⇨ 코 ㅃ ㅜ 소 ⇨ 코 ㅃ 소 ⇨

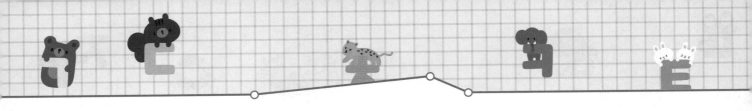

📁 받아쓰기

● 선생님께서 불러 주시는 단어를 받아쓰기해 보세요.

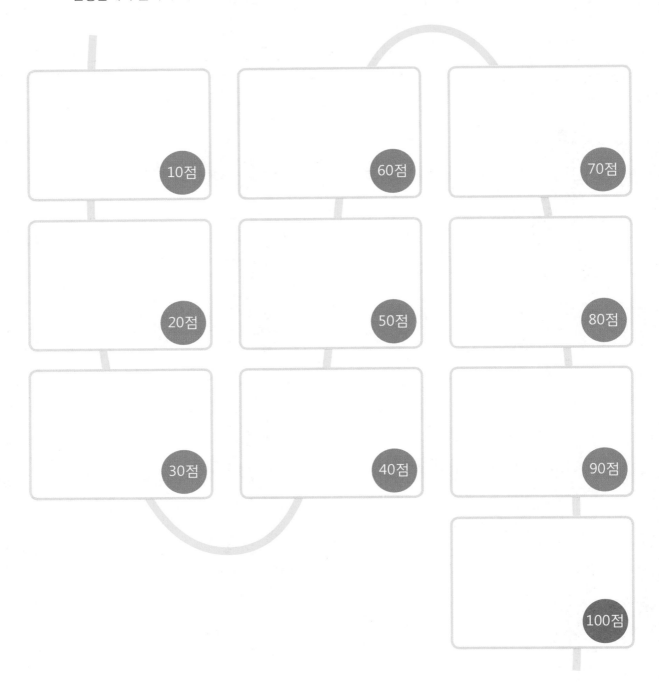

10점

60점

70점

20점

50점

80점

30점

40점

90점

100점

※ 선생님께서는 정답지에 있는 단어를 보고 받아쓰기를 지도해 주세요.

알맞은 단어 쓰기

● 다음 문장을 읽고 알맞은 단어를 빈칸에 적어 보세요.

문장	알맞은 단어 찾기	단어
1. 아침에 일어나면 엄마께 _____를 해요.	인사, 입사 알사, 울사	
2. _____는 글씨를 크게 볼 수 있게 해 준다.	돋보기, 돕보기 답보기, 동보기	
3. _____에 지우개가 들어 있다.	핌통, 필통 팔통, 픽통	
4. _____는 바다에 산다.	돔고래, 독고래 돌고래, 달고래	
5. _____을 올라가다.	계단, 계답 계달, 계둔	
6. _____과 젓가락을 놓아 줄래?	술가락, 숫가락 삽가락, 숟가락	

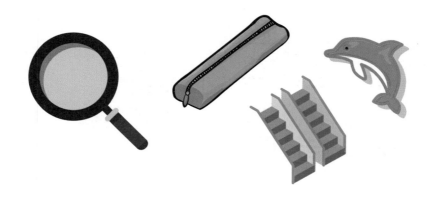

받침 ㄴ ㄷ ㄹ (2)

📖 **학습 목표** • 받침 ㄴ, ㄷ, ㄹ로 이루어진 글자를 쓰고, 이와 관련된 낱말에 대해서 학습할 수 있다.

📁 **똑같은 받침(자음) 찾아보기**

● 낱말을 보고 공통적으로 들어간 받침(자음)을 찾아보세요.

| 원피스 | | 눈사람 |
| 운동화 | | 손가락 |

| 받아쓰기 | | 받다 |
| 디귿 | | 얻다 |

| 바이올린 | | 별자리 |
| 불가사리 | | 얼음물 |

📁 **대표 단어 써보기**

● 아래 대표 단어를 따라 써 봅시다.

글자			따라 쓰기		
단	어				
디	귿				
별	자	리			
얼	음	물			

📁 단어 따라 쓰기

● 받침(자음)에 유의하여 다음 빈칸을 채워 보세요.

받침	단어
ㄴ	단어 ⇨ ㄷ ㅏ 어 ⇨ ㄷ☐ 어 ⇨ ☐☐
	눈사람 ⇨ ㄴ ㅜ 사람 ⇨ ☐ㄴ 사람 ⇨ ☐☐☐
	운동화 ⇨ ㅇ ㅜ 동화 ⇨ ☐ㅇ 동화 ⇨ ☐☐☐
	손가락 ⇨ ㅅ ㅗ 가락 ⇨ ☐ㅅ 가락 ⇨ ☐☐☐

받침	단어
ㄷ	받아쓰기 ⇨ ㅂ ㅏ 아쓰기 ⇨ ☐ㅂ 아쓰기 ⇨ ☐☐☐☐
	받다 ⇨ ㅂ ㅏ 다 ⇨ ☐ㅂ 다 ⇨ ☐☐
	디귿 ⇨ 디 ㄱ ㅡ ⇨ 디☐ㄱ ⇨ ☐☐

15차시 받침 ㄴ ㄷ ㄹ (2) **91**

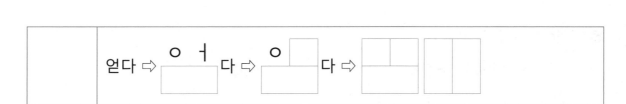

| 얼다 ⇨ ㅇ ㅓ 다 ⇨ ㅇ 다 ⇨ | | | | | |

받침	단어
ㄹ	바이올린 ⇨ 바이 ㅇ ㅗ 린 ⇨ 바이 ㅇ 린 ⇨
	별자리 ⇨ ㅂ ㅕ 자리 ⇨ ㅂ 자리 ⇨
	불가사리 ⇨ ㅂ ㅜ 가사리 ⇨ ㅂ 가사리 ⇨
	얼음물 ⇨ ㅇ ㅓ 음물 ⇨ ㅇ 음물 ⇨

📁 받아쓰기

● 선생님께서 불러 주시는 단어를 받아쓰기해 보세요.

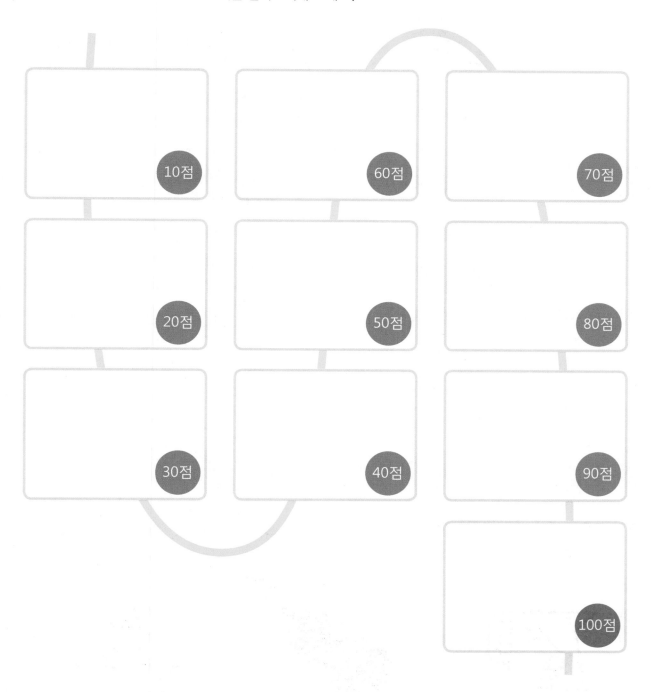

※ 선생님께서는 정답지에 있는 단어를 보고 받아쓰기를 지도해 주세요.

📁 알맞은 단어 쓰기

● 다음 문장을 읽고 알맞은 단어를 빈칸에 적어 보세요.

문장	알맞은 단어 찾기	단어
1. 알맞은 _____를 써 보세요.	단어, 달어 닥어, 담어	
2. 시원한 _____을 좀 마셔.	얼음문, 얼음물 언음문, 언음물	
3. 나는 _____을 잘 켠다.	바이올린 바이울린 바이술린 바이운린	
4. _____는 어려워.	바다쓰기 받아쓰기 발아쓰기 밥아쓰기	
5. 기역, 니은, _____.	디근, 디귿 디귿, 디글	
6. _____을 만들지 않을래?	눈사람, 눌사람 난사람, 논사람	

16차시 끝소리 규칙 ㄱ가족

📖 **학습 목표** • 받침의 끝소리가 ㄱ으로 발음되는 단어들로 이루어진 글자를 쓰고, 이와 관련된 낱말에 대해서 학습할 수 있다.

📁 끝소리 규칙 ㄱ가족 찾기

● 받침이 ㄱ, ㅋ, ㄲ이면 모두 '윽'으로 발음이 난답니다. 다음 그림에서 '윽'으로 발음 나는 ㄱ가족을 찾아 동그라미 해 보세요.

총 몇 개인가요? ☐ 개

단어 따라 쓰기

● 받침(자음)에 유의하여 다음 빈칸을 채워 보세요.

ㄱ가족	단어
ㄱ ㅋ ㄲ	부엌 ⇨ 부[ㅇㅓ] ⇨ 부[ㅇ] ⇨ [ ][ ]
	볶음밥 ⇨ [ㅗ]음밥 ⇨ [ㅂ]음밥 ⇨ [ ][ ][ ]
	떡볶이 ⇨ 떡[ㅗ]이 ⇨ 떡[ㅂ]이 ⇨ [ ][ ][ ]
	기억 ⇨ 기[ㅇㅓ] ⇨ 기[ㅇ] ⇨ [ ][ ]

ㄱ가족	단어
ㄱ ㅋ ㄲ	밖 ⇨ [ㅂㅏ] ⇨ [ㅂ] ⇨ [ ][ ]
	미역 ⇨ 미[ㅇㅕ] ⇨ 미[ㅇ] ⇨ [ ][ ]
	새벽녘 ⇨ 새벽[ㄴㅕ] ⇨ 새벽[ㄴ] ⇨ [ ][ ][ ]
	낚시 ⇨ [ㄴㅏ]시 ⇨ [ㄴ]시 ⇨ [ ][ ]

📁 받아쓰기

● 선생님께서 불러 주시는 단어를 받아쓰기해 보세요.

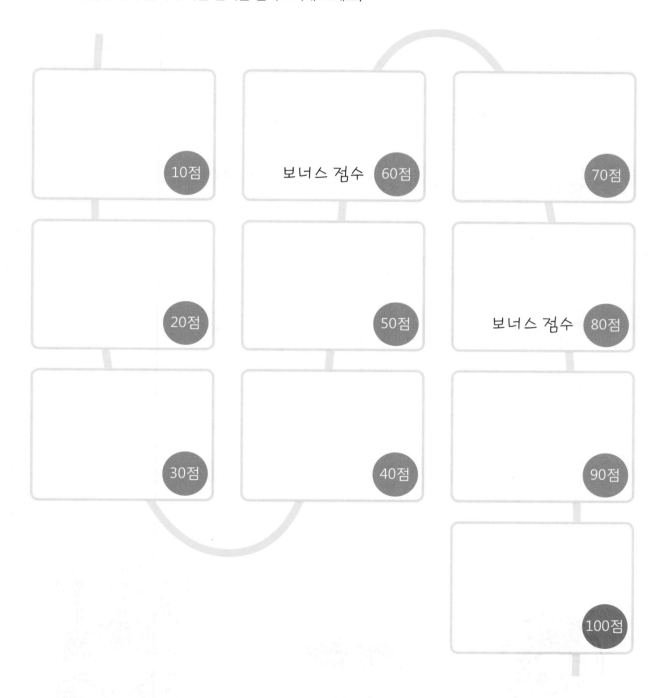

※ 선생님께서는 정답지에 있는 단어를 보고 받아쓰기를 지도해 주세요.

📁 알맞은 단어 쓰기

● 다음 문장을 읽고 알맞은 단어를 빈칸에 적어 보세요.

문장	알맞은 단어 찾기	단어
1. _____ 국물이 맵다.	떡볶이, 떡복이 떡뽁이, 떡박이	
2. 엄마는 _____에 계신다.	부업, 부엉 부엌, 부얼	
3. 바지가 어디에 있는지 _____이 안 난다.	기엉, 기역 기업, 기억	
4. _____은 내가 제일 좋아하는 음식이야.	볶음밥, 복음밥 볶음밥, 뽁음밥	
5. 생일에는 _____을 먹는다.	미영국, 미여국 미역국, 미엽국	
6. _____는 재미있다.	낚시, 납시 낙시, 낫시	

17차시 끝소리 규칙 ㅂ가족

📖 **학습 목표** • 받침의 끝소리가 ㅂ으로 발음되는 단어들로 이루어진 글자를 쓰고, 이와 관련된 낱말에 대해서 학습할 수 있다.

📁 끝소리 규칙 ㅂ가족 찾기

● 받침이 ㅂ, ㅍ이면 모두 '읍'으로 발음이 난답니다. 다음 그림에서 '읍'으로 발음 나는 ㅂ가족을 찾아 동그라미 해 보세요.

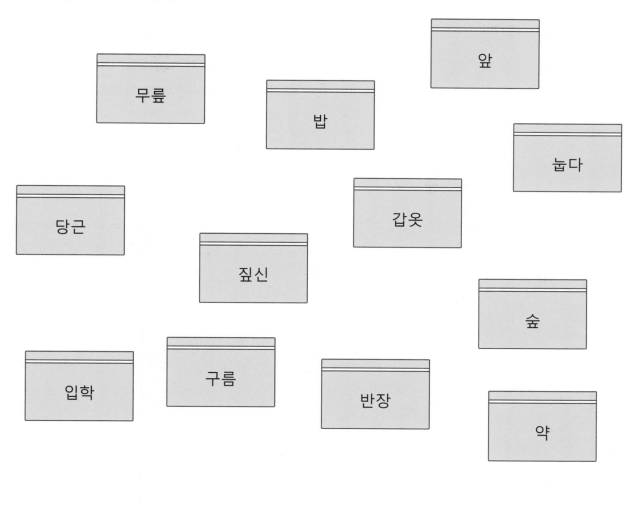

무릎 앞 밥 눕다 당근 갑옷 짚신 숲 입학 구름 반장 약

총 몇 개인가요? ☐ 개

📁 단어 따라 쓰기

● 받침(자음)에 유의하여 다음 빈칸을 채워 보세요.

ㅂ 가족	단어				
ㅂ	갑옷 ➡ ㄱ ㅏ 옷 ➡ ㄱ □ 옷 ➡				
	입학 ➡ ㅇ ㅣ 학 ➡ ㅇ □ 학 ➡				
	밥 ➡ ㅂ ㅏ ➡ ㅂ □ ➡				
	눕다 ➡ ㄴ ㅜ 다 ➡ ㄴ □ 다 ➡				

ㅂ 가족	단어				
ㅍ	앞 ➡ ㅇ ㅏ ➡ ㅇ □ ➡				
	무릎 ➡ 무 ㄹ ㅡ ➡ 무 ㄹ □ ➡				
	짚신 ➡ ㅈ ㅣ 신 ➡ ㅈ □ 신 ➡				
	숲 ➡ ㅅ ㅜ ➡ ㅅ □ ➡				

받아쓰기

● 선생님께서 불러 주시는 단어를 받아쓰기해 보세요.

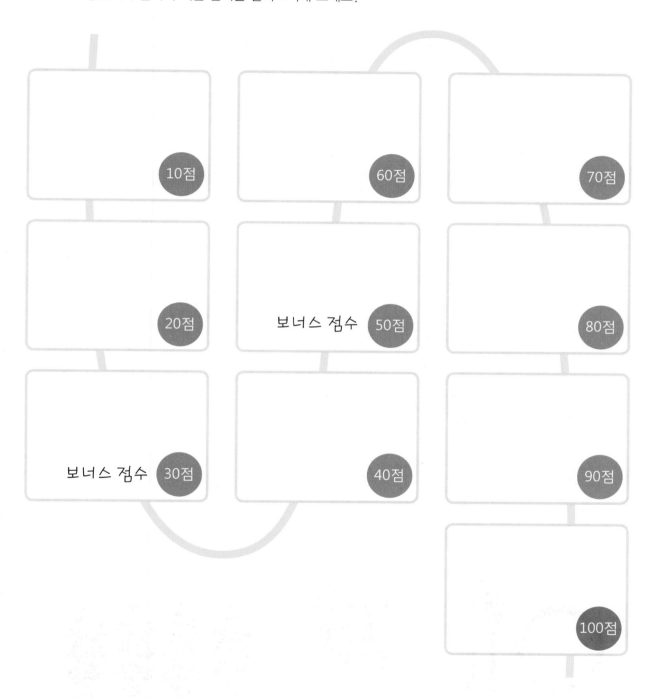

10점

60점

70점

20점

보너스 점수 50점

80점

보너스 점수 30점

40점

90점

100점

※ 선생님께서는 정답지에 있는 단어를 보고 받아쓰기를 지도해 주세요.

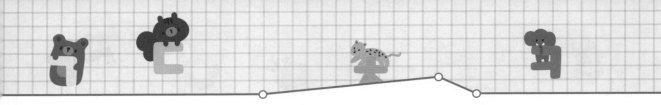

📁 알맞은 단어 쓰기

● 다음 문장을 읽고 알맞은 단어를 빈칸에 적어 보세요.

문장	알맞은 단어 찾기	단어
1. _____에서 피가 나!	무릎, 무릅 무를, 무랍	
2. 나는 초등학교에 _____을 했다.	임학, 입학 일학, 익학	
3. _____을 먹을 시간이야!	발, 벅 밥, 뱝	
4. _____에는 나무가 많다.	숩, 숲 술, 삽	
5. _____을 조심해!	압, 악 앞, 엎	
6. _____은 옛날 신발이다.	짚신, 집신 짐신, 질신	

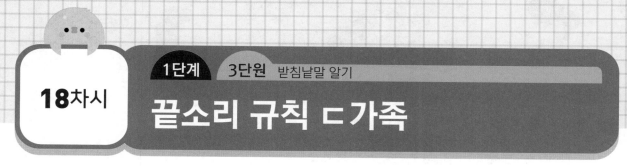

끝소리 규칙 ㄷ가족

학습 목표 ・받침의 끝소리가 ㄷ으로 발음되는 단어들로 이루어진 글자를 쓰고, 이와 관련된 낱말에 대해서 학습할 수 있다.

끝소리 규칙 ㄷ가족 찾기

● 받침이 ㄷ, ㅅ, ㅆ, ㅈ, ㅊ, ㅌ, ㅎ이면 모두 '읃'으로 발음이 난답니다. 다음 그림에서 '읃'으로 발음 나는 ㄷ가족을 찾아 동그라미 해 보세요.

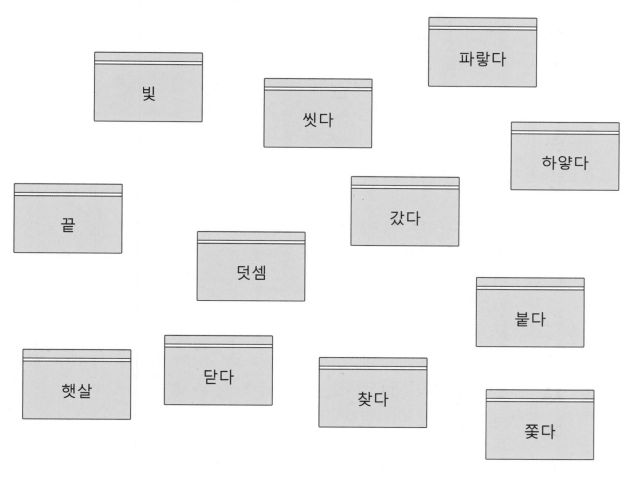

빛

씻다

파랑다

하얗다

끝

갔다

덧셈

붙다

햇살

닫다

찾다

쫓다

총 몇 개인가요? ☐ 개

📁 단어 따라 쓰기

● 받침(자음)에 유의하여 다음 빈칸을 채워 보세요.

ㄷ 가족	단어
ㄷ ㅅ ㅆ ㅈ ㅊ ㅌ ㅎ	닫다 ⇨ ㄷ ㅏ [ ] 다 ⇨ ㄷ [ ] 다 ⇨ [ ] [ ]
	햇살 ⇨ ㅎ ㅐ [ ] 살 ⇨ ㅎ [ ] 살 ⇨ [ ] [ ]
	덧셈 ⇨ ㄷ ㅓ [ ] 셈 ⇨ ㄷ [ ] 셈 ⇨ [ ] [ ]
	씻다 ⇨ ㅆ ㅣ [ ] 다 ⇨ ㅆ [ ] 다 ⇨ [ ] [ ]

ㄷ 가족	단어
ㄷ ㅅ ㅆ ㅈ ㅊ ㅌ ㅎ	갔다 ⇨ ㄱ ㅏ [ ] 다 ⇨ ㄱ [ ] 다 ⇨ [ ] [ ]
	짖다 ⇨ ㅈ ㅣ [ ] 다 ⇨ ㅈ [ ] 다 ⇨ [ ] [ ]
	찾다 ⇨ ㅊ ㅏ [ ] 다 ⇨ ㅊ [ ] 다 ⇨ [ ] [ ]
	쫓다 ⇨ ㅉ ㅗ [ ] 다 ⇨ ㅉ [ ] 다 ⇨ [ ] [ ]

ㄷ가족	단어
ㄷ ㅅ ㅆ ㅈ ㅊ ㅌ ㅎ	빛 ⇨ ㅂ ㅣ ⇨ ㅂ ☐ ⇨ ☐☐
	끝 ⇨ ㄲ ㅡ ⇨ ㄲ ☐ ⇨ ☐☐
	붙다 ⇨ ㅂㅜ ☐ 다 ⇨ ㅂ ☐ 다 ⇨ ☐ ☐☐
	하얗다 ⇨ 하 ㅇㅑ ☐ 다 ⇨ 하 ㅇ ☐ 다 ⇨ ☐ ☐ ☐

📁 받아쓰기

● 선생님께서 불러 주시는 단어를 받아쓰기해 보세요.

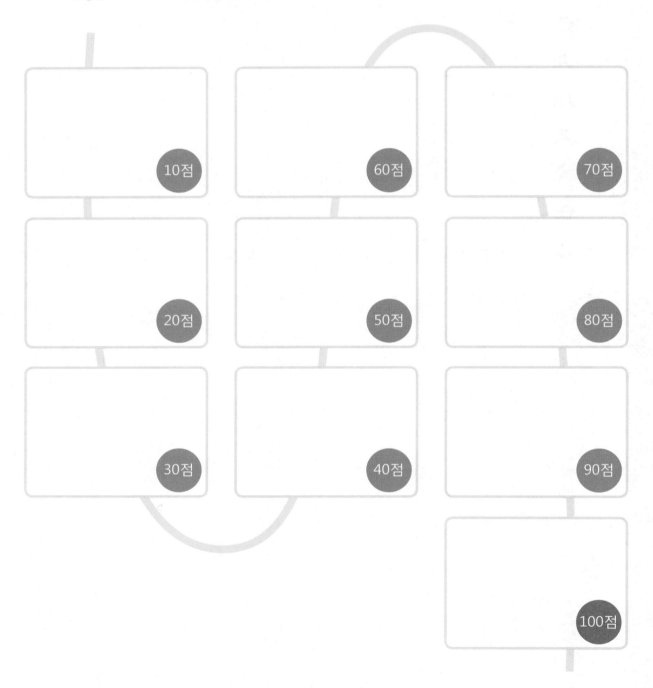

※ 선생님께서는 정답지에 있는 단어를 보고 받아쓰기를 지도해 주세요.

📁 알맞은 단어 쓰기

● 다음 문장을 읽고 알맞은 단어를 빈칸에 적어 보세요.

문장	알맞은 단어 찾기	단어
1. _____이 따뜻하다.	해살, 햇살 한살, 햅살	
2. _____과 뺄셈을 잘한다.	덧셈, 디셈 답셈, 밧셈	
3. 범인을 _____갔다.	쫓아, 쪼차 조차, 졸아	
4. 개가 왈왈 _____.	집는다, 지슨다 짖는다, 짚는다	
5. 연필을 _____.	참다, 찻다 찾다, 챴다	
6. 손을 _____.	씹자, 씻자 씰자, 씩자	

19차시

쌍받침, 겹받침 (1)

📖 **학습 목표** • 쌍받침, 겹받침으로 이루어진 글자를 쓰고, 이와 관련된 낱말에 대해서 학습할 수 있다.

📁 **사다리타기**

● 다음 단어에 있는 쌍받침(ㄲ, ㅆ) 혹은 겹받침을 찾아 적어 봅시다.
   (겹받침이란 서로 다른 두 개의 받침으로 이루어진 받침입니다.)

떡볶이   닭다   있다   몫   화났다   많다

1)   2)   3)   4)   5) ㄸ   6)

📁 단어 따라 쓰기

● 받침(자음)에 유의하여 다음 빈칸을 채워 보세요.

쌍받침 겹받침	단어					
ㄲ ㅆ ㄳ ㄵ ㄶ ㅄ	떡볶이 ⇨ 떡 ㅂ ㅗ 이 ⇨ 떡 ㅂ □ 이 ⇨					
	볶음밥 ⇨ ㅂ ㅗ 음밥 ⇨ ㅂ □ 음밥 ⇨					
	닭다 ⇨ ㄷ ㅏ □ 다 ⇨ ㄷ □ 다 ⇨					
	있다 ⇨ ㅇ ㅣ □ 다 ⇨ ㅇ □ 다 ⇨					

쌍받침 겹받침	단어					
ㄲ ㅆ ㄳ ㄵ ㄶ ㅄ	화났다 ⇨ 화 ㄴ ㅏ □ 다 ⇨ 화 ㄴ □ 다 ⇨					
	틀렸다 ⇨ 틀 ㄹ ㅕ □ 다 ⇨ 틀 ㄹ □ 다 ⇨					
	몫 ⇨ ㅁ ㅗ □ ⇨ ㅁ □ ⇨ □					

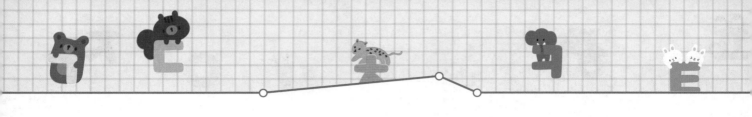

	앉다 ⇨ ㅇ ㅏ 다 ⇨ ㅇ 다 ⇨

쌍받침 겹받침	단어
ㄲ ㅆ ㄳ ㄵ ㄶ ㅄ	괜찮다 ⇨ 괜 ㅊ ㅏ 다 ⇨ 괜 ㅊ 다 ⇨
	많다 ⇨ ㅁ ㅏ 다 ⇨ ㅁ 다 ⇨
	끊다 ⇨ ㄲ ㅡ 다 ⇨ ㄲ 다 ⇨
	값 ⇨ ㄱ ㅏ ⇨ ㄱ ⇨

받아쓰기

● 선생님께서 불러 주시는 단어를 받아쓰기해 보세요.

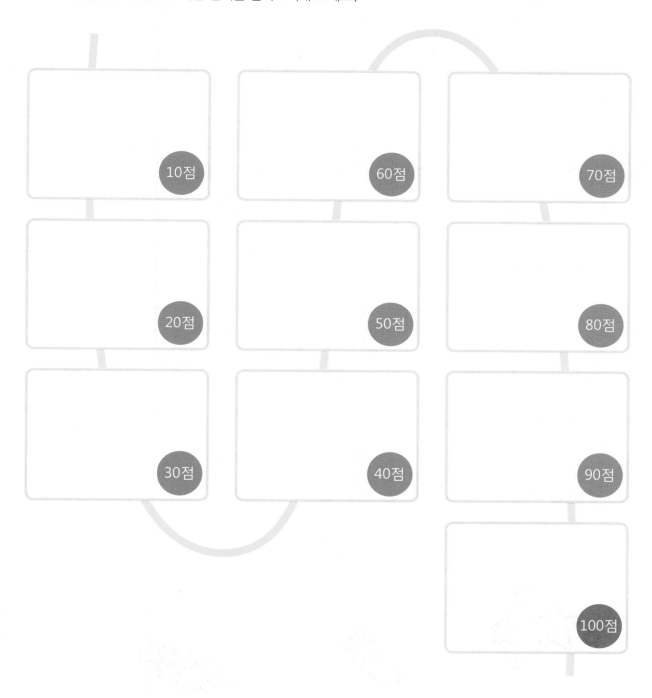

※ 선생님께서는 정답지에 있는 단어를 보고 받아쓰기를 지도해 주세요.

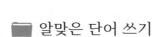

📁 알맞은 단어 쓰기

● 다음 문장을 읽고 알맞은 단어를 빈칸에 적어 보세요.

문장	알맞은 단어 찾기	단어
1. _____는 매워.	떡뽑이, 떡복이 떡보끼, 떡볶이				
2. _____에는 야채가 많다.	보끔밥, 볶음밥 복음밥, 복음밥				
3. 책상에 연필이 _____.	이다, 있다 잇다, 읻다			
4. 누나가 _____.	화낫다, 화났다 화낟다, 화납다				
5. 별이 하늘에 _____.	많다, 만다 마타, 만타			
6. 목걸이 _____이 비싸다.	갑, 갓 값, 감		

1단계 3단원 받침낱말 알기

쌍받침, 겹받침(2)

📖 **학습 목표** • 쌍받침, 겹받침으로 이루어진 글자를 쓰고, 이와 관련된 낱말에 대해서 학습할 수 있다.

📁 사다리타기

● 다음 단어에 있는 겹받침을 찾아 적어 봅시다.

(겹받침이란 서로 다른 두 개의 받침으로 이루어진 받침입니다.)

닭	삶	짧다	싫다	잃다	흙

1)	2)	3)	4)	5) ㄹㄱ	6)

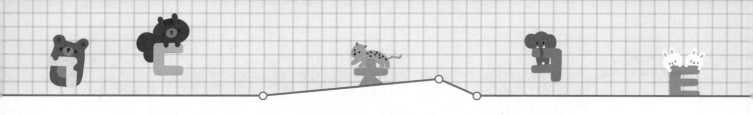

📁 단어 따라 쓰기

● 받침(자음)에 유의하여 다음 빈칸을 채워 보세요.

쌍받침 겹받침	단어
ㄹㄱ ㄹㅁ ㄹㅂ ㄹㅌ ㄹㅎ	흙 ⇨ ㅎ ㅡ ⇨ ㅎ ⇨
	읽다 ⇨ ㅇㅣ 다 ⇨ ㅇ 다 ⇨
	밝다 ⇨ ㅂㅏ 다 ⇨ ㅂ 다 ⇨
	닭 ⇨ ㄷㅏ ⇨ ㄷ ⇨

쌍받침 겹받침	단어
ㄹㄱ ㄹㅁ ㄹㅂ ㄹㅌ ㄹㅎ	삶 ⇨ ㅅㅏ ⇨ ㅅ ⇨
	젊다 ⇨ ㅈㅓ 다 ⇨ ㅈ 다 ⇨
	여덟 ⇨ 여 ㄷㅓ ⇨ 여 ㄷ ⇨

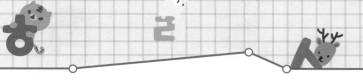

밥다 ⇨ ㅂ ㅏ 다 ⇨ ㅂ 다 ⇨

쌍받침 겹받침	단어
ㄹㄱ **ㄹㅁ** **ㄹㅂ** **ㄹㅌ** **ㄹㅎ**	짧다 ⇨ ㅉ ㅏ 다 ⇨ ㅉ 다 ⇨
	핥다 ⇨ ㅎ ㅏ 다 ⇨ ㅎ 다 ⇨
	잃다 ⇨ ㅇ ㅣ 다 ⇨ ㅇ 다 ⇨
	싫다 ⇨ ㅅ ㅣ 다 ⇨ ㅅ 다 ⇨

📁 받아쓰기

- 선생님께서 불러 주시는 단어를 받아쓰기해 보세요.

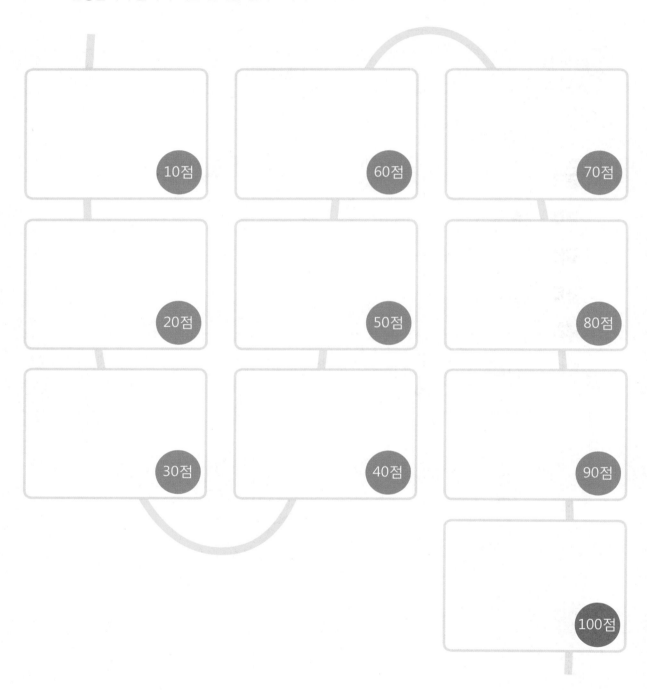

※ 선생님께서는 정답지에 있는 단어를 보고 받아쓰기를 지도해 주세요.

📁 알맞은 단어 쓰기

● 다음 문장을 읽고 알맞은 단어를 빈칸에 적어 보세요.

문장	알맞은 단어 찾기	단어
1. _____에는 지렁이가 산다.	흑, 흙 흡, 흘	
2. _____과 병아리가 있다.	닥, 달 닭, 답	
3. 청소년은 어른보다 _____.	점다, 접다 젊다, 젊다	
4. 둘 더하기 여섯은 _____이다.	여덥, 여덟 여덜, 여덧	
5. 이 연필은 저 연필보다 _____.	짧다, 짤다 짝다, 짭다	
6. 나는 버섯이 _____.	실타, 싫다 실하, 십다	

1단계 단어 부록

1단원 단모음과 자음

1차시 ㅏ, ㅓ, ㅣ

가위
나라
국가
다리
거위
어묵
버섯
터키
기린
비
호미
미술

2차시 ㅗ, ㅜ, ㅡ

오이
오리
보물
고구마
우리
부리
우엉
무지개
그네
느림보
그림
그림자

3차시 ㄱ, ㄴ, ㄷ, ㄹ

가지
구이

고무
가위
나라
나비
누나
비누
다리
도구
다과
자두
머리
자리
유리

4차시 ㅁ, ㅂ, ㅅ, ㅇ

마루
하마
나무
호미
비서
버스
바나나
보리
무시
시기
스키
누수
우유
바위
유리
아기

5차시 ㅈ, ㅊ, ㅋ

주차
자리
바지
가지
기차
마차
고치
차로
카드
쿠키
스키
키위

6차시 ㅌ, ㅍ, ㅎ

토끼
투구
터키
타자
표기
차표
피리
파리
호미
후추
하나
하키

7차시 ㄲ, ㄸ, ㅃ, ㅆ

꾸러기
토끼
코끼리

자꾸
뛰기
따기
널뛰기
따오기
빠르기
나쁘다
뿔
뽀얗다
쓰기
싸움
씨름
쓰레기

2단원 복잡한 모음

8차시 ㅑ, ㅕ, ㅛ, ㅠ

야채
야구
샤워
양
여기
여우
겨자
옆길
요정
학교
효녀
용
유리
우유

휴지
귤

9차시 ㅢ, ㅟ, ㅘ, ㅝ

의자
의사
무늬
흰옷
바퀴
가위
튀김
취미
과자
화가
과일
사과
권
태권
원장
병원

10차시 ㅐ, ㅔ, ㅒ, ㅖ

개미
새우
태극기
태양
세모
베개
테니스
제거
애기
애기꾼

애기책
애(이 아이)
계란
시계
계절
체중계

11차시 ㅚ, ㅙ, ㅞ

참외
괴물
교회
쇠고기
돼지
상쾌
인쇄
횃불
웨딩드레스
스웨터
꿰매다
훼손

3단원 받침낱말

12차시 ㅇ, ㄱ, ㅁ, ㅂ

강
왕
공책
동전
죽
국
박수
식구

몸
춤
사슴
하품
밥
입
합창
대답

13차시 ㅇ, ㄱ, ㅁ, ㅂ

호랑이
자동차
송아지
공놀이
목소리
백화점
책꽂이
박물관
다람쥐
솜사탕
나침반
컴퓨터
십자가
비빔밥
집안일
겁쟁이

14차시 ㄴ, ㄷ, ㄹ

산
인사
계단
연필

해돋이
받침
돋보기
숟가락
필통
돌고래
밀가루
코뿔소

15차시 ㄴ, ㄷ, ㄹ

단어
눈사람
운동화
손가락
받아쓰기
받다
디귿
얻다
바이올린
별자리
불가사리
얼음물

16차시 끝소리 규칙 ㄱ가족

부엌
볶음밥
떡볶이
기억
밖
미역
새벽녘
낚시

17차시 끝소리 규칙 ㅂ가족

갑옷

입학

밥

눕다

앞

무릎

짚신

숲

18차시 끝소리 규칙 ㄷ가족

닫다

햇살

덧셈

씻다

갔다

짓다

찾다

쫓다

빛

끝

붙다

하얗다

19차시 쌍받침, 겹받침

떡볶이

볶음밥

닦다

있다

화났다

틀렸다

몫

앉다

괜찮다

많다

끊다

값

20차시 쌍받침, 겹받침

흙

읽다

밝다

닭

삶

젊다

여덟

밟다

짧다

핥다

잃다

싫다

단계

02

 2단계 개관

가. 개념 및 원리

음운변동은 음운론적인 현상에서 음소의 형태 교체가 일어나는 것을 말합니다(이문규, 2016). 1단계에서는 모음과 자음이 단순히 결합하는 어휘들을 학습하였기 때문에 소리 나는 대로 쓰고 어휘를 인식하는 것이 효과적입니다. 하지만 2단계에서는 음운변동이 일어나는 경우 실제로 발음할 때와 표기 시의 차이로 인해 소리 나는 대로 인식하였음에도 불구하고 틀리게 쓰기 쉬운 유형을 다룹니다. 이에 음운변동이 일어나는 상황의 오류를 스스로 인식하고 반복되는 규칙을 이해함으로써 궁극적으로 원리를 적용하여 쓸 수 있도록 하는 것이 목표입니다. 초등학생의 철자쓰기 오류 유형과 특징 그리고 패턴에 대해 김애화(2009), 박혜옥 외(2008), 조혜숙 외(2015) 등의 다수의 선행연구와 이정윤(2004)과 조명숙(2003)의 초등학생의 철자쓰기의 오류 유형 분석에 따른 중재 효과에 대한 연구들이 진행되었습니다. 따라서 초등학생들이 반복적이고 지속적으로 틀리는 유형들을 집중적인 중재와 오류를 인식하고 규칙을 이해하는 과정을 통해 고학년으로 갈수록 고착화되는 철자쓰기 문제에 도움이 될 수 있도록 하였습니다(김애화, 2009). 또한 최영환(2003)은 받아쓰기에서 학생의 오류 확인 및 원리 이해의 중요성을 언급하였으며 이 책에서는 오류 확인, 원리 학습, 확인, 교정적 송환의 4단계로 받아쓰기 지도를 제시하였습니다.

음운변동 오류 유형마다 홀수 차시와 짝수 차시 총 2차시의 연차시로 구성되어 있으며, 홀수 차시는 1) 오류인식단계, 2) 규칙이해단계, 3) 오류발견단계로 이루어져 있고, 짝수 차시는 1) 오류인식단계, 2) 오류재인식단계, 3) 오류수정 및 적용단계 순으로 구성되어 있습니다. 홀수 차시에서 인식한 음운변동 오류 유형을 짝수 차시에서는 받아쓰기와 놀이 활동을 포함하여 복습 및 적용을 함으로써 음운변동 오류 유형에 대한 원리를 정확히 이해하고 적용할 수 있도록 하였습니다.

나. 쓰기의 관점에서 음운변동 오류 유형 차시 순서 구성

음운변동 단어 추출에는 『읽기자신감 5권(음운변동)』(정재석, 곽신실, 2016)과 국어과 교과서를 참고하였습니다. 음운변동 학습 차시 순서 구성에는 연구들마다 효과적인 음운변동 학습에 대한 상이한 차이가 있었습니다. 우선, 읽기 중재 관점에서 본 음운변동 학습순서의 연구들은 다음과 같습니다. 허유라, 박덕유(2012)는 '표준발음법'에 따라 교수-학습 내용 항목을 제시하였으며, 이에는 음운, 운소-소리 장단, 음절말 끝소리 규칙, ㅎ 발음, 연음규칙, 구개음화, 비음화, 유음화, 모음동화, 된소리, 첨가를 포함하여 효과적인 발음학습을 하는 것이 필요하다고 하였습니다. 한편, 김형복(2004)은 음운변동 규칙의 교수-학습 순서를 제시하면서 어휘 속 음운변동의 빈도와 음운변동의 난이도 위계를 고려하여 일

곱 끝소리 되기 → 겹자음 줄이기 → 소리 이음 → ㅎ 소리 줄이기 → 된소리 되기 → 콧소리 되기 → 거센소리 되기 → 입천장소리 되기 → 흐름소리 되기 → 사잇소리 현상 순으로 배우는 것이 효과적이라고 하였습니다.

하지만 앞선 연구들에서 발음 중심의 음운변동 학습순서를 제시하였다면, 이 책에서는 쓰기를 지도하기 위한 학습순서에 관한 연구들에 초점을 두어 구성하였습니다. 최승숙(2010)은 한글의 문자적 특성 때문에 소리나는 대로 쓰기보다는 생각을 거쳐서 쓰는 것에 대한 훈련이 필요하다고 하였습니다. 또한 이경화 외(2008)는 소리(발음) 나는 대로 표기하는 경우와 그렇지 않은 경우를 나누어 지도 순서를 제시하였으며, 이 중에서 소리(발음)와 표기가 다른 경우의 학습순서를 참고하여 2단계 학습순서를 구성하였습니다.

[참고문헌]

김애화(2009). 초등학교 학생의 철자 특성 연구: 철자 발달 패턴 및 오류 유형 분석. 초등교육연구, 22(4), 85-113.

김형복(2004). 한국어 음운 변동 규칙의 교수-학습 순서 연구. 한국어교육, 15(3), 23-41.

박혜옥, 정용석(2008). 초등학생의 받아쓰기 발달과 오류 특징에 관한 연구. 특수교육저널: 이론과 실천, 9(4), 367-395.

이경화, 윤미경(2008). 초등학생의 독후 논설문 쓰기 양상 연구. 한국초등국어교육, 38, 320-344.

이문규(2016). 음운변동의 개념과 유형. 국어교육연구, 60, 269-288.

이정윤(2004). 오류 유형에 따른 맞춤법 지도가 초등학교 1학년 쓰기 부진아의 받아쓰기 정확도에 미치는 영향. 경인교육대학교 대학원 석사학위논문.

정재석, 곽신실(2016). 읽기자신감 5권(음운변동). 서울: 좋은교사운동출판부.

조명숙(2003). 받아쓰기 지도 방안 연구. 초등국어교육, 13, 117-148.

조혜숙, 남기춘, 배소영 ,설아영, 신가영(2015). 초등학생의 철자 발달과 오류 패턴 분석. 언어치료연구, 24(2), 61-72.

최승숙(2010). 쓰기부진 학생의 철자쓰기 특성과 중재에 관한 이론적 접근. 특수아동교육연구, 12(1), 47-66.

최영환(2003). 국어교육학의 지향. 서울: 삼지원.

허유라, 박덕유(2012). 한국어 초급 교재에서의 발음교육 방안 연구-음운 변동 규칙을 중심으로. 새국어교육, 90, 363-388.

 2단계 전개 계획

1. 차시 계획

차시	단원	차시명	학습 목표
1	연음규칙 오류 유형	떡볶이? 떡보끼?	연음규칙 오류 유형을 인식하고, 규칙을 이해하며, 이에 관련된 글자에 적용할 수 있다.
2		닭이? 달기	
3	경음화 오류 유형	덮개? 덥깨?	경음화 오류 유형을 인식하고, 규칙을 이해하며, 이에 관련된 글자에 적용할 수 있다.
4		단점? 단쩜?	
5	격음화 오류 유형	닳도록? 달토록?	격음화 오류 유형을 인식하고, 규칙을 이해하며, 이에 관련된 글자에 적용할 수 있다.
6		납작한? 납짜칸?	
7	비음화 오류 유형	낱말? 난말?	비음화 오류 유형을 인식하고, 규칙을 이해하며, 이에 관련된 글자에 적용할 수 있다.
8		십년? 심년?	
9	겹받침 오류 유형	값? 갑?	겹받침 오류 유형을 인식하고, 규칙을 이해하며, 이에 관련된 글자에 적용할 수 있다.
10		가엾게? 가엽께?	
11	유음화 오류 유형	신라? 실라?	유음화 오류 유형을 인식하고, 규칙을 이해하며, 이에 관련된 글자에 적용할 수 있다.
12		태평양? 태평냥?	
13	ㅎ 탈락 오류 유형	낳은? 나은?	ㅎ 탈락 오류 유형을 인식하고, 규칙을 이해하며, 이에 관련된 글자에 적용할 수 있다.
14		많이? 마니?	
15	구개음화 오류 유형	맏이? 마지?	구개음화 오류 유형을 인식하고, 규칙을 이해하며, 이에 관련된 글자에 적용할 수 있다.
16		붙여? 부쳐?	
17	음소첨가 오류 유형	알약? 알략?	음소첨가 오류 유형을 인식하고, 규칙을 이해하며, 이에 관련된 글자에 적용할 수 있다.
18		나뭇잎? 나문닙?	
19	사이시옷 오류 유형	바닷가? 바다까?	사이시옷 오류 유형을 인식하고, 규칙을 이해하며, 이에 관련된 글자에 적용할 수 있다.
20		옛날? 옌날?	

2. 활동 계획

차시	차시 활동
홀수 차시	활동1) 동그라미 표시해 보아요(오류인식단계) 활동2) 색칠해 보아요(규칙이해단계) 활동3) 스스로 써 보아요(오류발견단계)
짝수 차시	활동1) 동그라미 표시해 보아요(오류인식단계) 활동2) 받아쓰기를 해 보아요(오류재인식단계) 활동3) 해결해 보아요(오류수정 및 적용단계)

2단계 지도 시 유의사항

- 아동이 충분히 오류 유형의 규칙을 이해하고 있는지 확인을 하며 학습 속도를 조절할 수 있도록 합니다.
- 연차시로 학습하도록 구성이 되어 있지만 아동이 앞차시의 원리를 정확히 이해하지 못했을 경우에는 후속차시 진행에서도 아동이 원리를 정확히 이해하였는지 복습할 수 있도록 지도합니다.
- 반드시 오류 유형의 차시 순서로 진행하지 않아도 되며 아동의 평소 빈도가 높은 오류 유형을 선택하여 학습합니다.

받아쓰기 지도 전략 및 교수법

- 아동이 받아쓰기에서 오류를 보일 경우 다시 써 보도록 지도합니다.
- 쓰기 오류를 보인 부분을 강조하여 글자를 읽어 줍니다.
- 자신이 쓴 글자를 읽어 보도록 지도하여 소리와 글자의 관계에 대해 생각할 수 있도록 합니다.
- 쓰기 오류를 보인 부분에 대해 충분히 생각한 후에도 틀리는 오류는 보고 쓸 수 있도록 지도합니다.
- 틀린 오류 유형이나 글자를 기록해 두고 다음 차시에 반복 지도합니다.

학습 평가

영역	평가내용	관련 차시	평가방법
내용	연음규칙 오류 유형 글자를 받아쓰기할 수 있다.	1-2	선생님이 불러 주는 오류 유형 글자를 받아쓰기한다.
	경음화 오류 유형 글자를 받아쓰기할 수 있다.	3-4	
	격음화 오류 유형 글자를 받아쓰기할 수 있다.	5-6	
	비음화 오류 유형 글자를 받아쓰기할 수 있다.	7-8	
	겹받침 오류 유형 글자를 받아쓰기할 수 있다.	9-10	
	유음화 오류 유형 글자를 받아쓰기할 수 있다.	11-12	
	ㅎ 탈락 오류 유형 글자를 받아쓰기할 수 있다.	13-14	
	구개음화 오류 유형 글자를 받아쓰기할 수 있다.	15-16	
	음소첨가 오류 유형 글자를 받아쓰기할 수 있다.	17-18	
	사이시옷 오류 유형 글자를 받아쓰기할 수 있다.	19-20	

떡볶이? 떡보끼?

📖 **학습 목표** · 연음규칙 오류 유형을 인식하고, 규칙을 이해하며, 이에 관련된 글자에 적용할 수 있다.

📁 **활동 1) 동그라미 표시해 보아요.**

● 그림을 보고 바르게 쓴 글자에 동그라미 표시해 봅시다.

1) 맛있는 (떡볶이 / 떡뽀끼 / 떡보끼)를 먹었습니다.

2) 아기의 (보리 / 볼이) 빨갛다.

3) 해가 뜬 걸 보니 (아치미 / 아침이) 왔구나.

4) (부엌에서 / 부어케서) 달그락 소리가 납니다.

5) (밥이/바비) 맛있다.

6) 이불을 (더퍼 / 덮어) 주셨다.

7) 손으로 이마를 (짚었다 / 지펐다).

8) (수페서 / 숲에서) 길을 잃었다.

📁 활동 2) 색칠해 보아요.

- 발음에 영향을 주고받는 자음 또는 모음 칸에 색칠해 봅시다.

1) 아침이

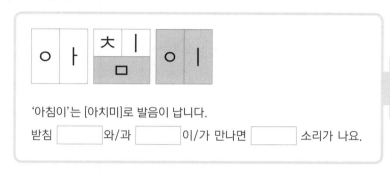

'아침이'는 [아치미]로 발음이 납니다.

받침 ⬜ 와/과 ⬜ 이/가 만나면 ⬜ 소리가 나요.

스스로 써 봅시다.

2) 밥이 [바비]

받침 ⬜ 와/과 ⬜ 이/가 만나면 ⬜ 소리가 나요.

스스로 써 봅시다.

3) 짚었다 [지펄따]

받침 ⬜ 와/과 ⬜ 이/가 만나면 ⬜ 소리가 나요.

스스로 써 봅시다.

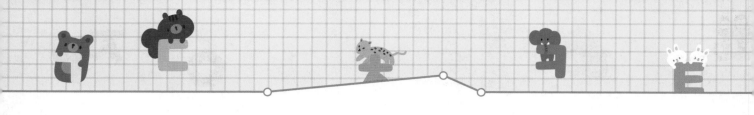

4) 숲에서 [수페서]

| 숲 | 에 | 서 |

받침 [　　] 와/과 [　　] 이/가 만나면 [　　] 소리가 나요.

스스로 써 봅시다.

〈참고〉 '숲에서'처럼 받침 뒤에 모음으로 시작할 경우 받침의 소리 또는 대표음으로 발음이 나요. 이런 현상을 '연음규칙'이라고 합니다.

활동 3) 스스로 써 보아요.

● 보기에서 알맞은 글자를 찾아 써 봅시다.

<문항>	<보기>
1) (　　　　) 차가워졌다. 2) 매운 (　　　　)를 만들어 주세요.	보리 / 볼리 / 볼이 떡뽀끼 / 떡뿍이 / 떡볶이 / 떡보끼
3) 내일 (　　　　) 되면 소풍을 간다. 4) (　　　　) 맛있는 음식을 만들자.	아치미 / 아침이 부엌에서 / 부어케서 / 부어께서
5) 뚜껑을 (　　　　) 두세요. 6) 솥에 (　　　　) 지었습니다.	더퍼 / 덮어 / 덥어 바블 / 밥블 / 밥을
7) 다람쥐가 (　　　　) 뛰어다닌다. 8) 지팡이를 (　　　　).	숲에서 / 수페서 / 숩에서 지펐다 / 집펐다 / 짚었다

2단계 **1단원** 연음규칙 오류 유형

닭이? 달기?

📖 **학습 목표** • 연음규칙 오류 유형을 인식하고, 규칙을 이해하며, 이에 관련된 글자에 적용할 수 있다.

📁 **활동 1) 동그라미 표시해 보아요.**

● 그림을 보고 바르게 쓴 글자에 동그라미 표시해 봅시다.

1) 사과 껍질을 (까깐따 / 깎았다).

2) 어깨에 손을 조심히 (얹었다 / 언졌다).

3) 아침이면 (닭이 / 달기) 운다.

4) 무슨 (까다그로 / 까닭으로) 울고 있니?

5) 건강한 (삶을 / 살믈) 살다.

6) 충격을 받아 (넉씨 / 넋이) 나가버렸다.

7) 축구경기에서 나는 내 (목쓸 / 몫을) 다했다.

8) 비에 젖어 (흙이 / 흘기) 촉촉하다.

📁 활동 2) 받아쓰기를 해 보아요.

● 단어나 문장을 듣고 바르게 써 봅시다.

1) _____

2) _____

3) _____

4) _____

5) _____

6) _____

7) _____

8) _____

활동 3) 해결해 보아요.

● 바르게 쓴 글자를 따라가면 몇 번 도착점으로 가는지 빈칸에 쓰세요.

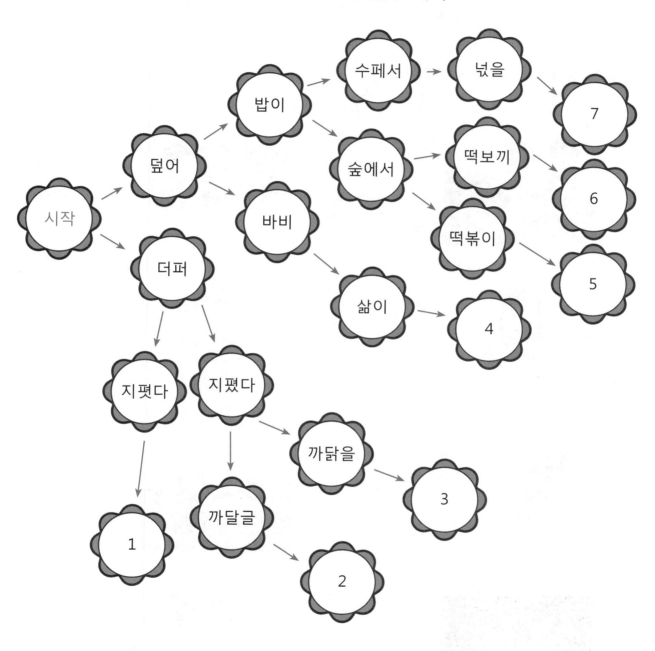

바르게 찾아간 도착점은   입니다.

3차시

덮개? 덥깨?

📖 **학습 목표** • 경음화 오류 유형을 인식하고, 규칙을 이해하며, 이에 관련된 글자에 적용할 수 있다.

📁 활동 1) 동그라미 표시해 보아요.

● 그림을 보고 바르게 쓴 글자에 동그라미 표시해 봅시다.

1) 주말이면 가족과 (앞산 / 압싼)을 갑니다.

2) 매일 아침 (학교 / 학꾜)에 가는 길이 즐겁습니다.

3) 오늘 저녁에 (국밥 / 국빱)을 먹었습니다.

4) 옷을 (입다 / 입따).

5) 나는 야구를 해 본 적이 (있다 / 읻따).

6) 아버지가 (강가 / 강까)에서 낚시를 하신다.

7) 밤이 되면 (등불 / 등뿔)이 밝게 빛난다.

8) 새 신발을 (신다 / 신따).

📁 **활동 2) 색칠해 보아요.**

● 발음에 영향을 주고받는 자음 또는 모음 칸에 색칠해 봅시다.

1) 앞산 [압싼]

받침 ☐ 와/과 ☐ 이/가 만나면 ☐ 소리가 나요.

스스로 써 봅시다.

2) 입다 [입따]

받침 ☐ 와/과 ☐ 이/가 만나면 ☐ 소리가 나요.

스스로 써 봅시다.

3) 강가 [강까]

받침 ☐ 와/과 ☐ 이/가 만나면 ☐ 소리가 나요.

스스로 써 봅시다.

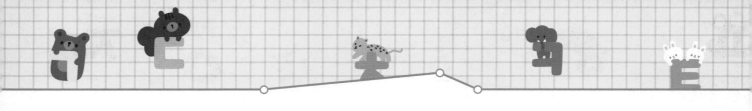

4) 신다 [신따]

<table>
<tr><td>ㅅ ㅣ
　ㄴ</td><td>ㄷ ㅏ</td></tr>
</table>

받침 [　　] 와/과 [　　] 이/가 만나면 [　　] 소리가 나요.

스스로 써 봅시다.

〈참고〉 받침 'ㄱ, ㄷ, ㅂ' 뒤에 'ㄱ, ㄷ, ㅂ, ㅅ, ㅈ'가 오는 등 'ㄱ, ㄷ, ㅂ, ㅅ, ㅈ'가 'ㄲ, ㄸ, ㅃ, ㅆ, ㅉ'로 발음이 나는 현상을 '경음화' 또는 '된소리되기'라고 합니다.

📁 활동 3) 스스로 써 보아요.

● 보기에서 알맞은 글자를 찾아 써 봅시다.

<문항>	<보기>
1) 우리는 (　　　)에서 공부를 합니다. 2) 내일은 (　　　)으로 등산을 갑니다.	학교 / 학꾜 / 하꾜 / 학고 앞산 / 압싼 / 압산
3) 옷을 주섬주섬 (　　　). 4) (　　　) 한 그릇이면 충분하다.	입다 / 입따 / 입타 국밥 / 국빱 / 꾹밥
5) 연필이 놓여 (　　　). 6) 강물이 흐르는 (　　　)에서 놀자.	있다 / 읻따 / 잇다 / 잇따 강가 / 강까 / 간까 / 간가
7) 비가 와서 장화를 (　　　). 8) 희미한 (　　　)이 보인다.	신다 / 신따 / 신타 등불 / 등뿔 / 든불

2단계 **2단원** 경음화 오류 유형

단점? 단쩜?

📖**학습 목표** • 경음화 오류 유형을 인식하고, 규칙을 이해하며, 이에 관련된 글자에 적용할 수 있다.

📁 **활동 1) 동그라미 표시해 보아요.**

● 그림을 보고 바르게 쓴 글자에 동그라미 표시해 봅시다.

1) 나의 (단쩜 / 단점)은 늦게 일어나는 것이다.

2) 머리를 (감따 / 감다).

3) 숙제를 미리 했어야 (할 꺼슬 / 할 것을).

4) 함께 (할쑤록 / 할수록) 행복하다.

5) 여행을 (갈 데가 / 갈 떼가) 없을까?

6) 이번 주말에 가족과 (갈 꽂 / 갈 곳)이 없을까?

7) (봄바람 / 봄빠람)이 살랑살랑 불어온다.

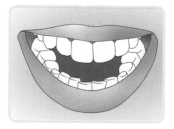

8) 우리의 치아 (개쑤 / 개수)는 몇 개일까?

📁 활동 2) 받아쓰기를 해 보아요.

● 단어나 문장을 듣고 바르게 써 봅시다.

1) _____

2) _____

3) _____

4) _____

5) _____

6) _____

7) _____

8) _____

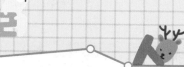

📁 **활동 3) 해결해 보아요.**

● 바르게 쓴 글자를 따라가면 몇 번 도착점으로 가는지 빈칸에 쓰세요.

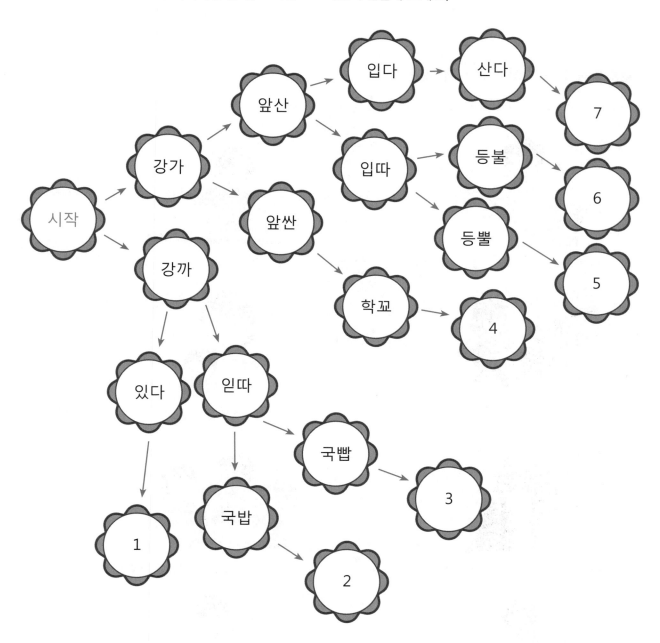

바르게 찾아간 도착점은  입니다.

닳도록? 달토록?

📖 **학습 목표** • 격음화 오류 유형을 인식하고, 규칙을 이해하며, 이에 관련된 글자에 적용할 수 있다.

📁 **활동 1) 동그라미 표시해 보아요.**

● 그림을 보고 바르게 쓴 글자에 동그라미 표시해 봅시다.

1) 책상이 (달토록 / 닳도록) 깨끗하게 닦았구나.

2) 공부가 (실타고 / 싫다고) 안 하면 될까?

3) 철수야, (그렇게 / 그러케) 늦으면 어떻게 하니?

4) 어머니께서 동생을 (나케 / 낳게) 되었습니다.

5) 머리를 (땋고 / 따코) 있습니다.

6) 내 생일 파티에 친구들이 오면 (조켔다 / 좋겠다).

7) 곡식을 잘게 (빻고 / 빠코) 있다.

8) 발가락을 (찌케 / 찧게) 되었습니다.

📁 활동 2) 색칠해 보아요.

● 발음에 영향을 주고받는 자음 또는 모음 칸에 색칠해 봅시다.

1) 닳도록 [달토록]

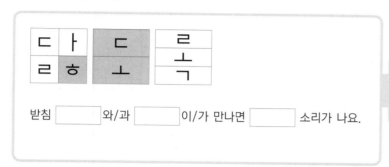

받침 [   ] 와/과 [   ] 이/가 만나면 [   ] 소리가 나요.

스스로 써 봅시다.

2) 싫다고 [실타고]

받침 [   ] 와/과 [   ] 이/가 만나면 [   ] 소리가 나요.

스스로 써 봅시다.

3) 그렇게 [그러케]

받침 [   ] 와/과 [   ] 이/가 만나면 [   ] 소리가 나요.

스스로 써 봅시다.

4) 낳게 [나케]

| ㄴㅏ
ㅎ | ㄱㅔ |

받침 [   ] 와/과 [   ] 이/가 만나면 [   ] 소리가 나요.

스스로 써 봅시다.

〈참고〉 'ㄱ, ㄷ, ㅂ, ㅈ' 등이 앞 또는 뒤의 'ㅎ'과 만나면 'ㅋ, ㅌ, ㅍ, ㅊ' 등으로 발음이 나요. 이런 현상을 '격음화' 또는 '거센소리되기'라고 합니다.

📁 **활동 3) 스스로 써 보아요.**

● 보기에서 알맞은 글자를 찾아 써 봅시다.

<문항>	<보기>
1) 유리가 ( ) 깔끔하게 닦아 보자. 2) 아니, 나는 비 오는 날이 ( ).	닿도록 / 다토록 / 닳도록 실타고 / 싫다고 / 시타고 / 싯다고
3) 잘했어, ( ) 하면 되는 거야! 4) 아이를 ( ) 된다면 얼마나 좋을까.	그러케 / 그렇게 / 그러께 / 그럴게 나케 / 낳케 / 낳게 / 나께
5) 머리를 ( ) 학교에 갔습니다. 6) 내일이 생일이면 정말 ( ).	따코 / 땋고 조켔다 / 좋겠다 / 조겠다 / 좋켔다
7) 곡식들을 절구에 ( ) 찧면 된다. 8) 문틈에 손가락을 ( ).	빠코 / 빻고 / 빳코 / 빵고 찌었습니다 / 찧었습니다 / 지었습니다

2단계 **3단원** 격음화 오류 유형

납작한? 납짜칸?

📖 **학습 목표** • 격음화 오류 유형을 인식하고, 규칙을 이해하며, 이에 관련된 글자에 적용할 수 있다.

📁 **활동 1) 동그라미 표시해 보아요.**

● 그림을 보고 바르게 쓴 글자에 동그라미 표시해 봅시다.

1) (납짜칸 / 납작한) 접시에 빵이 놓여 있다.

2) 아버지께서 (흐뭇한 / 흐무탄) 미소를 지으셨습니다.

3) 봄이 되면 꽃들이 (향긋한 / 향그탄) 향기를 냅니다.

4) 너희 둘은 정말 (비스타게 / 비슷하게) 생겼구나.

5) 마음이 (답다패 / 답답해).

6) 이번 여름 날씨는 덥고 (습한 / 스판) 것 같아.

7) 생일을 (추카 / 축하)합니다.

8) 꽃에 (얼킨 / 얽힌) 이야기를 들었습니다.

📁 활동 2) 받아쓰기를 해 보아요.

● 단어나 문장을 듣고 바르게 써 봅시다.

1) _____

2) _____

3) _____

4) _____

5) _____

6) _____

7) _____

8) _____

📁 활동 3) 해결해 보아요.

● 〈보기〉에 소리 나는 대로 쓰인 글자를 바르게 고쳐 빈칸에 써 봅시다.

〈보기〉

가로	세로
① 그러케	① 비스탄
② 납짜칸	② 이러케
③ (아이를) 나타	③ 향그탄
④ 흐무탄	④ (날씨가) 흐리탄
⑤ (날씨가) 스판	⑤ 달토록
⑥ 나그탄 (목소리로)	⑥ (문이) 다치다
⑦ 맨치다	⑦ 맨쳤다
⑧ 도착했따	
⑨ 실토록	
⑩ 마키다	

7차시

낱말? 난말?

📖 **학습 목표** • 비음화 오류 유형을 인식하고, 규칙을 이해하며, 이에 관련된 글자에 적용할 수 있다.

📁 활동 1) 동그라미 표시해 보아요.

● 그림을 보고 바르게 쓴 글자에 동그라미 표시해 봅시다.

1) (낱말 / 난말)은 뜻을 가진 가장 작은 단위입니다.

2) (국물 / 궁물)에서 김이 나고 있습니다.

3) (식물 / 싱물) 분갈이를 했습니다.

4) (옛날 / 옌날) 옛적에는 호랑이가 산에 살았습니다.

5) 교실 문을 (닫는다 / 단는다).

6) 거북이가 알을 (낳는다 / 난는다).

7) 밀가루를 뒤죽박죽 (섞는다 / 성는다).

8) 연필을 연필깎이로 (깎는다 / 깡는다).

📁 **활동 2) 색칠해 보아요.**

● 발음에 영향을 주고받는 자음 또는 모음 칸에 색칠해 봅시다.

1) 낱말 [난말]

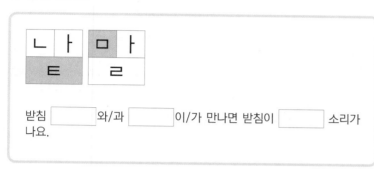

받침 [   ]와/과 [   ]이/가 만나면 받침이 [   ]소리가 나요.

스스로 써 봅시다.

2) 식물 [싱물]

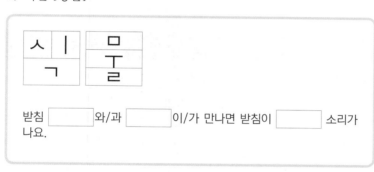

받침 [   ]와/과 [   ]이/가 만나면 받침이 [   ]소리가 나요.

스스로 써 봅시다.

3) 낳는데 [난는데]

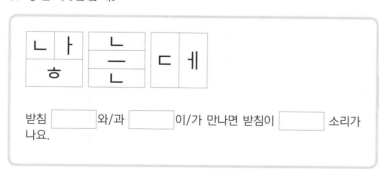

받침 [   ]와/과 [   ]이/가 만나면 받침이 [   ]소리가 나요.

스스로 써 봅시다.

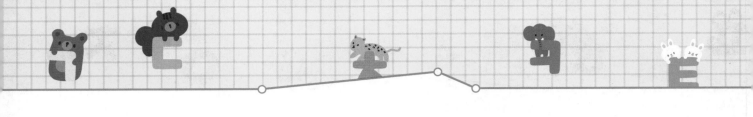

4) 깎는 [깡는]

| ㄲ | ㅏ | | ㄴ |
| ㄲ | | ㄴ | |

받침 [ ] 와/과 [ ] 이/가 만나면 받침이 [ ] 소리가 나요.

스스로 써 봅시다.

〈참고〉 받침 'ㄱ, ㄷ, ㅂ'이 비음인 'ㄴ, ㅁ'과 만나 비음인 'ㅇ, ㄴ, ㅁ'으로 발음이 나요.

📁 활동 3) 스스로 써 보아요.

● 보기에서 알맞은 글자를 찾아 써 봅시다.

<문항>	<보기>
1) ( ) 카드를 읽어 봅시다. 2) 따뜻한 ( )을 마십니다.	낱말 / 난말 국물 / 궁물
3) ( )에 물을 줍니다. 4) 할머니께 ( ) 이야기를 듣습니다.	식물 / 싱물 옛날 / 옌날
5) 문을 ( ) 소리에 잠이 깼습니다. 6) 닭이 알을 ( ) 일주일이 걸렸습니다.	닫는 / 단는 낳는데 / 난는데
7) 비빔밥을 골고루 ( ) 시간이 걸립니다. 8) 사과를 ( ) 법을 배웁니다.	섞느라고 / 성느라고 깎는 / 깡는

2단계 **4단원** 비음화 오류 유형

십년? 심년?

📖 **학습 목표** • 비음화 오류 유형을 인식하고, 규칙을 이해하며, 이에 관련된 글자에 적용할 수 있다.

📁 **활동 1) 동그라미 표시해 보아요.**

● 그림을 보고 바르게 쓴 글자에 동그라미 표시해 봅시다.

1) 앞으로 (몇 리 / 면 니)를 더 가야 할까?

2) (융뉴 / 육류)를 구워 먹는다.

3) (음력 / 음녁) 1월 1일이 설날이다.

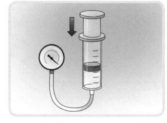

4) 주사기를 누르면 (압력 / 암녁)이 올라간다.

5) 친구와 (혐녁 / 협력)해서 퍼즐을 완성하였다.

6) 아버지께서 차 (보험료 / 보험뇨)를 매달 내신다.

7) 운동을 하고 이온(음료 / 음뇨)를 마신다.

8) 빠른 (속녁 / 속력)으로 오토바이가 지나갔다.

📁 **활동 2) 받아쓰기를 해 보아요.**

● 단어나 문장을 듣고 바르게 써 봅시다.

1) _____

2) _____

3) _____

4) _____

5) _____

6) _____

7) _____

8) _____

활동 3) 해결해 보아요.

● 〈보기〉에 소리 나는 대로 쓰인 글자를 바르게 고쳐 빈칸에 써 봅시다.

〈보기〉

가로	세로
① 싱물	① 궁물
② 난는다	② 단는
③ 음력	③ 혐녁
④ 음뇨	④ 보험뇨
⑤ 옌날	⑤ 융뉴
⑥ 난말	⑥ 성느라고
⑦ 암녁	⑦ 송녁
⑧ 면 니	

9차시

값? 갑?

📖 **학습 목표** • 겹받침 오류 유형을 인식하고, 규칙을 이해하며, 이에 관련된 글자에 적용할 수 있다.

📁 **활동 1) 동그라미 표시해 보아요.**

● 그림을 보고 바르게 쓴 글자에 동그라미 표시해 봅시다.

1) 행복은 (갑 / 값)을 매길 수 없다.

2) 교실 청소는 우리 모두의 (몫 / 목)이다.

3) 시험이 쉽지 (않다 / 안타).

4) 자리에 (안따 / 앉다).

5) 남을 배려하는 (삼 / 삶)을 살자.

6) (닥 / 닭)이 모이를 먹습니다.

7) 신발에 (흙 / 흑)이 묻었습니다.

8) 자전거 페달을 힘차게 (밥따 / 밟다).

활동 2) 색칠해 보아요.

● 발음에 영향을 주고받는 자음 또는 모음 칸에 색칠해 봅시다.

1) 값을 [갑쓸]

[   ] 와/과 [   ] 이/가 만나면 [   ] 소리가 나요.

2) 삶을 [살믈]

[   ] 와/과 [   ] 이/가 만나면 [   ] 소리가 나요.

3) 닭이 [달기]

[   ] 와/과 [   ] 이/가 만나면 [   ] 소리가 나요.

4) 흙기 [흘기]

| ㅎ
ㅡ
ㄹㄱ | ㅇㅣ |

스스로 써 봅시다.

[ ]와/과 [ ]이/가 만나면 [ ]소리가 나요.

〈참고〉 받침이 두 개인 경우 받침의 앞 또는 뒤의 발음이 나요.

📁 활동 3) 스스로 써 보아요.

● 보기에서 알맞은 글자를 찾아 써 봅시다.

<문항>	<보기>
1) 내 (　　　) 까지 열심히 해줘. 2) 비싼 (　　　) 치렀다.	목 / 몫 / 묵 갑슬 / 값슬 / 값을 / 갚을
3) 마주보고 (　　　). 4) 개의치 (　　　).	앉다 / 안따 / 않타 않다 / 안타 / 안따
5) (　　　) 아침을 알립니다. 6) 건강한 (　　　) 사는 것이 중요하다.	닥이 / 닦이 / 달기 / 닭이 삼을 / 삶을 / 사믈 / 살믈
7) 발로 그림자를 (　　　). 8) 옷에 묻은 (　　　) 닦아 주었습니다.	발따 / 발다 / 밟다 / 밥따 흘글 / 흙을 / 흑을 / 흙글

가엾게? 가엽께?

📖 **학습 목표** · 겹받침 오류 유형을 인식하고, 규칙을 이해하며, 이에 관련된 글자에 적용할 수 있다.

📁 **활동 1) 동그라미 표시해 보아요.**

● 이야기 풍선 속에 글자 중 바르게 쓴 글자에 동그라미 표시해 봅시다.

1) 친구에게 (언짜는 / 언짢은) 것이 있다.

2) (가엽께 / 가엾게) 쳐다보았다.

3) 물이 팔팔 (끌는 / 끓는)다.

4) 배드민턴 줄이 (끊기다 / 끈키다).

5) 하루를 (굼따 / 굶다).

6) 내 동생은 (점잔타 / 점잖다).

7) 복도에서 뛰면 (안 되잖니 / 안 되잔니).

8) 어렸을 때 실수를 해도 (괜찬타 / 괜찮다).

활동 2) 받아쓰기를 해 보아요.

● 단어나 문장을 듣고 바르게 써 봅시다.

1) _____

2) _____

3) _____

4) _____

5) _____

6) _____

7) _____

8) _____

📁 **활동 3) 해결해 보아요.**

● 아래 보기의 조건에 맞게 나뭇잎을 색칠해 봅시다.

〈보기〉 올바르게 쓰인 글자에는 빨간색으로 색칠하여 봅시다.

📖 **학습 목표** • 유음화 오류 유형을 인식하고, 규칙을 이해하며, 이에 관련된 글자에 적용할 수 있다.

📁 활동 1) 동그라미 표시해 보아요.

● 그림을 보고 바르게 쓴 글자에 동그라미 표시해 봅시다.

1) (설랄 / 설날)에는 떡국을 먹습니다.

2) 삼국시대에는 고구려, 백제, (실라 / 신라) 세 나라가 있었습니다.

3) 제주도에서 (한라산 / 할라산) 등산을 한다.

4) 이번 겨울은 (날로 / 난로) 덕분에 따뜻합니다.

5) 물건의 가격이 (월래 / 원래)보다 비싸졌다.

6) 의사 선생님의 (질료 / 진료)를 받다.

7) 이제 (볼론 / 본론)을 이야기해 보자.

8) (실랑 / 신랑)과 신부가 결혼을 한다.

📁 활동 2) 색칠해 보아요.

● 발음에 영향을 주고받는 자음 또는 모음 칸에 색칠해 봅시다.

1) 설날 [설랄]

☐ 와/과 ☐ 이/가 만나면 ☐ 소리가 나요.

2) 난로 [날로]

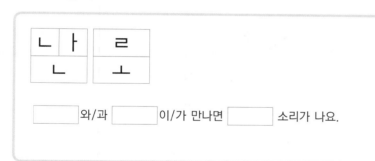

☐ 와/과 ☐ 이/가 만나면 ☐ 소리가 나요.

3) 진료 [질료]

☐ 와/과 ☐ 이/가 만나면 ☐ 소리가 나요.

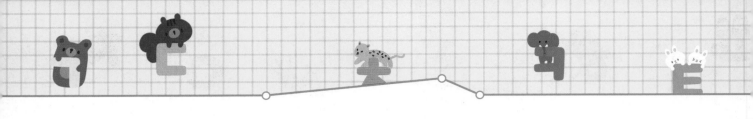

4) 신랑 [실랑]

ㅅ	ㅣ	ㄹ	ㅏ
ㄴ		ㅇ	

[   ]와/과 [   ]이/가 만나면 [   ] 소리가 나요.

스스로 써 봅시다.

〈참고〉 'ㄴ'이 'ㄹ'의 앞 또는 뒤에서 'ㄹ'로 발음이 나요. 이런 현상을 '유음화'라고 합니다.

📁 활동 3) 스스로 써 보아요.

● 보기에서 알맞은 글자를 찾아 써 봅시다.

<문항>	<보기>
1) ( )에 아이들은 어른들께 세배를 한다. 2) 박혁거세가 ( )를 세웠다.	설랄 / 설날 신라 / 실라
3) ( )이 남한에서 제일 높은 산이다. 4) 따뜻한 ( )를 쬐다.	할라산 / 한라산 날로 / 난로
5) 결국 ( )대로 돌아갔다. 6) 감기에 걸려 ( )를 받았다.	원래 / 월래 진료 / 질료
7) 이야기의 ( )으로 들어가겠습니다. 8) ( )이 결혼식에 입장한다.	본론 / 볼론 실랑 / 신랑

2단계 **6단원** 유음화 오류 유형

태평양? 태평냥?

📖 **학습 목표** • 유음화 오류 유형을 인식하고, 규칙을 이해하며, 이에 관련된 글자에 적용할 수 있다.

📁 **활동 1) 동그라미 표시해 보아요.**

● 그림을 보고 바르게 쓴 글자에 동그라미 표시해 봅시다.

1) 비행기 (연료 / 열료)를 가득 채우다.

2) 나의 (진로 / 질로)를 알아본다.

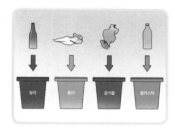

3) 쓰레기를 (분리 / 불리) 수거 하였다.

4) 주말에 부모님과 영화를 (관람 / 괄람)하였다.

5) 나뭇잎을 다양하게 (분류 / 불류)해 보자.

6) 약속시간을 깜빡하여 (혼란 / 홀란)스러웠다.

7) 나는 매일 저녁 (줄넘기 / 줄럼기)를 한다.

8) 홍수 때문에 바닷가 마을에 (물난리 / 물랄리)가 났다.

📁 **활동 2) 받아쓰기를 해 보아요.**

● 단어나 문장을 듣고 바르게 써 봅시다.

1) _____

2) _____

3) _____

4) _____

5) _____

6) _____

7) _____

8) _____

활동 3) 해결해 보아요.

● 발음이 나는 대로 쓰인 단어를 사다리를 타고 내려가 바르게 써 봅시다.

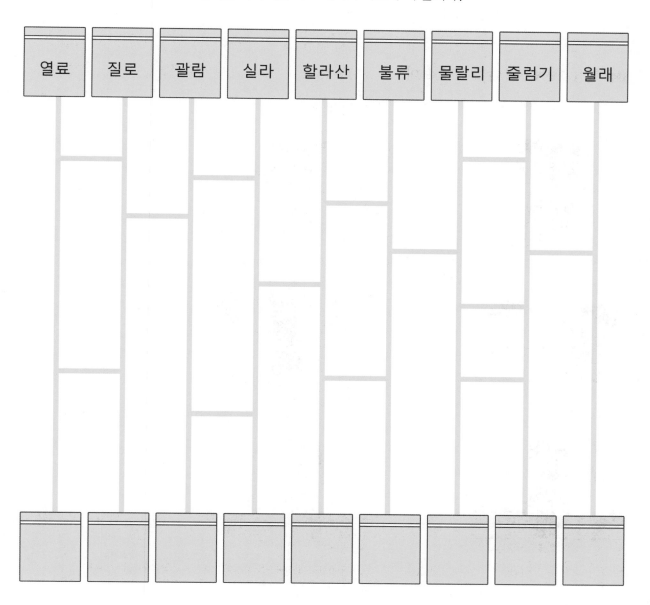

열료	질로	괄람	실라	할라산	불류	물랄리	줄럼기	월래

13차시

낳은? 나은?

📖 **학습 목표** • ㅎ탈락 오류 유형을 인식하고, 규칙을 이해하며, 이에 관련된 글자에 적용할 수 있다.

📁 **활동 1) 동그라미 표시해 보아요.**

● 그림을 보고 바르게 쓴 글자에 동그라미 표시해 봅시다.

1) 철수는 정말 (조은 / 좋은 / 조흔) 친구이다.

2) 이모가 (나은 / 나흔 / 낳은) 동생이다.

3) 줄을 (노으면 / 놓으면 / 노흐면) 안 돼.

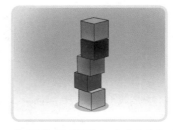

4) 공을 들여 (쌓으니까 / 싸으니까 / 싸흐니까) 쉽게 무너지지 않겠다.

5) 길을 (잃은 / 일은) 아이가 울고 있다.

6) 주머니에 용돈을 (너어 / 너허 / 넣어) 주셨다.

7) 선물이 가득 (싸여 / 쌓여 / 싸혀) 있다.

8) 잘게 (빻은 / 빠은 / 빠흔) 옥수수 가루

📁 **활동 2) 색칠해 보아요.**

● 발음에 영향을 주고받는 자음 또는 모음 칸에 색칠해 봅시다.

1) 좋은 [조은]

받침 ☐ 와/과 ☐ 이/가 만나면 ☐ 소리가 없어져요.

스스로 써 봅시다.

2) 낳은 [나은]

받침 ☐ 와/과 ☐ 이/가 만나면 ☐ 소리가 없어져요.

스스로 써 봅시다.

3) 빻은 [빠은]

받침 ☐ 와/과 ☐ 이/가 만나면 ☐ 소리가 없어져요.

스스로 써 봅시다.

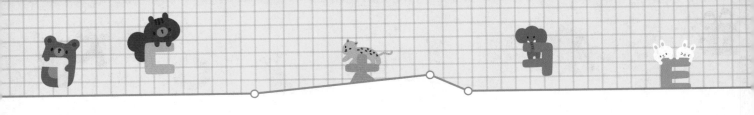

4) 넣어 [너어]

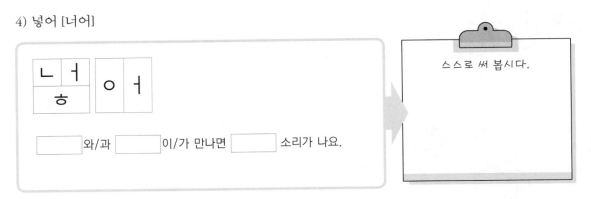

| ㄴ ㅓ | | | ㅇ ㅓ |
| ㅎ | | | |

[   ]와/과 [   ]이/가 만나면 [   ] 소리가 나요.

스스로 써 봅시다.

〈참고〉 받침 'ㅎ'과 음절의 첫소리가 모음이 만나면 'ㅎ' 소리가 없어져요. 이런 현상을 'ㅎ' 탈락 현상이라고 합니다.

📁 **활동 3) 스스로 써 보아요.**

● 보기에서 알맞은 글자를 찾아 써 봅시다.

<문항>	<보기>
1) 날 ( ) 주신 부모님께 감사드립니다. 2) 날씨가 ( ) 날이다.	낳은 / 나은 / 나흔 / 낳아 / 나아 / 나하 조은 / 조흔 / 좋은 / 좋아 / 조아 / 조하
3) 이제 줄을 ( ) 괜찮을 것 같다. 4) 아무리 ( ) 높아지지가 않는다.	노으니까 / 노흐니까 / 놓으니까 / 놓아도 / 노아도 / 노하도 쌓으니까 / 싸으니까 / 싸흐니까 / 쌓아도 / 싸아도 / 싸하도
5) 분명히 주머니에 ( ) 기억이 나. 6) 아무래도 길을 ( ) 것 같아.	넣어 / 너어 / 너허 / 넣은 / 너은 / 너흔 일은 / 잃은
7) 곡식을 ( ) 두었다. 8) 마당에 ( ) 낙엽을 쓴다.	빠은 / 빠흔 / 빻어 / 빻은 / 빠어 / 뻐허 싸여 / 싸혀 / 쌓여 / 쌓인 / 싸인 / 싸힌

2단계 **7단원** ㅎ탈락 오류 유형

많이? 마니?

📖 **학습 목표** • ㅎ탈락 오류 유형을 인식하고, 규칙을 이해하며, 이에 관련된 글자에 적용할 수 있다.

📁 **활동 1) 동그라미 표시해 보아요.**

● 그림을 보고 바르게 쓴 글자에 동그라미 표시해 봅시다.

1) 김치를 (마니 / 많이 / 만히) 주세요.

2) 아무것도 보이지 (않는 / 안는 / 안흔) 것 같다.

3) 야채주스는 (실으니까 / 실흐니까 / 싫으니까) 먹지 않을래요.

4) 물 한 잔만 가져다주지 (안을래 / 않을래 / 안흘래)?

5) 변기가 막혀 (뚤어 / 뚤허 / 뚫어)야 합니다.

6) 바퀴가 (달아 / 닳아 / 달하) 새로 갈아야 한다.

7) 몸살이 쉽게 (낳는 / 낫는) 줄 알았다.

8) 철수는 아직도 감기로 (앓니 / 알니)?

📁 활동 2) 받아쓰기를 해 보아요.

● 단어나 문장을 듣고 바르게 써 봅시다.

1) _____

2) _____

3) _____

4) _____

5) _____

6) _____

7) _____

8) _____

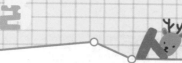 

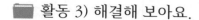

📁 활동 3) 해결해 보아요.

● 발음이 나는 대로 쓰인 단어를 사다리를 타고 내려가 바르게 써 봅시다.

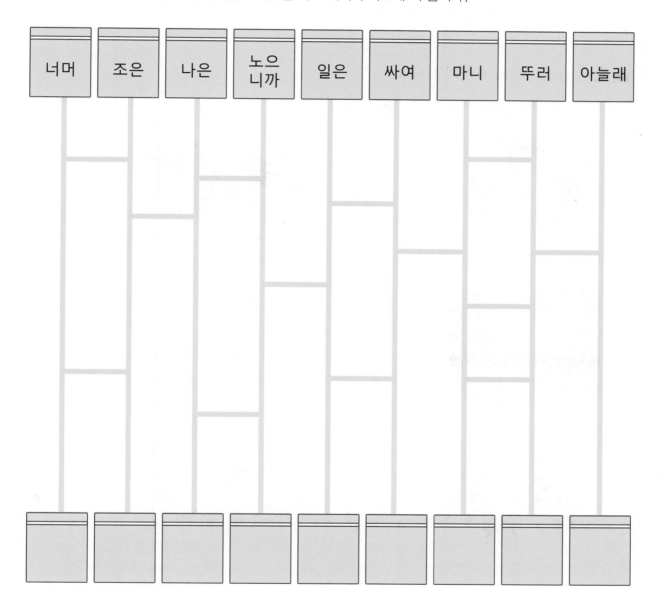

| 너머 | 조은 | 나은 | 노으니까 | 일은 | 싸여 | 마니 | 뚜러 | 아늘래 |

맏이? 마지?

📖 **학습 목표** • 구개음화 오류 유형을 인식하고, 규칙을 이해하며, 이에 관련된 글자에 적용할 수 있다.

📁 **활동 1) 동그라미 표시해 보아요.**

● 그림을 보고 바르게 쓴 글자에 동그라미 표시해 봅시다.

1) 영희는 (마지 / 맏이)이다.

2) (굳이 / 구지) 뛸 필요가 없었다.

3) 해가 뜨기 전에 (해돋이 / 해도지)를 보러 가자.

4) 문이 (다치다 / 닫히다).

5) 손에 흙을 (무치다 / 묻히다).

6) 우리 다 (같이 / 가치) 바다로 놀러 가자.

7) 도화지에 색종이를 (부치다 / 붙이다).

8) 공사장에는 고철로 된 (쇠붙이 / 쇠부치)가 많다.

📁 **활동 2) 색칠해 보아요.**

● 발음에 영향을 주고받는 자음 또는 모음 칸에 색칠해 봅시다.

1) 맏이 [마지]

받침 [   ] 와/과 [   ] 이/가 만나면 [   ] 소리가 나요.

스스로 써 봅시다.

2) 닫히다 [다치다]

받침 [   ] 와/과 [   ] 이/가 만나면 [   ] 소리가 나요.

스스로 써 봅시다.

3) 같이 [가치]

받침 [   ] 와/과 [   ] 이/가 만나면 [   ] 소리가 나요.

스스로 써 봅시다.

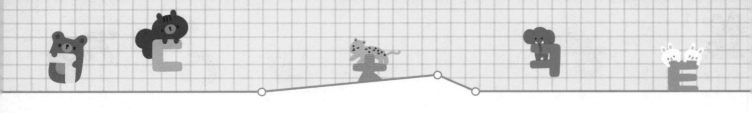

4) 붙이다 [부치다]

| 브
ㅌ | ㅇ | ㅣ | ㄷ | ㅏ |

받침 [   ] 와/과 [   ] 이/가 만나면 [   ] 소리가 나요.

스스로 써 봅시다.

〈참고〉 받침 ㄷ/ㅌ과 이/히가 만나면 지/치 소리가 나요. 이 현상을 구개음화라고 합니다.

📁 **활동 3) 스스로 써 보아요.**

● 보기에서 알맞은 글자를 찾아 써 봅시다.

<문항>	<보기>
1) ( ) 가겠다면 말리지 않겠다. 2) 철수는 2형제 중 ( )이다.	구지 / 굳이 / 굳지 / 굳이 맏이 / 마지 / 맞이 / 맞지
3) 새해에 ( )를 보며 소원을 빌었다. 4) 창문이 바람에 ( ).	해돋이 / 해도지 / 해돗이 / 해도시 다치다 / 닫치다 / 닫히다 / 다히다
5) 우리 ( ) 가자. 6) 얼굴에 물감을 ( ).	가치 / 같이 무치다 / 묻히다 / 뭇치다
7) ( )는 창고에 가져다 놓아라. 8) 풀로 우표를 ( ).	쇠붙이 / 쇠부치 부치다 / 붙이다

붙여? 부쳐?

📖 **학습 목표** • 구개음화 오류 유형을 인식하고, 규칙을 이해하며, 이에 관련된 글자에 적용할 수 있다.

📁 **활동 1) 동그라미 표시해 보아요.**

● 그림을 보고 바르게 쓴 글자에 동그라미 표시해 봅시다.

1) 새가 덫에 (가쳤다 / 갇혔다).

2) 영철이의 코에 생크림을 (무쳤다 / 묻혔다).

3) 은행에 가니 이미 문이 (닫혔다 / 다쳤다).

4) 풀로 종이를 (부치다 / 붙이다).

5) 구름이 (거쳐 / 걷혀) 하늘이 맑아졌다.

6) 기름을 (구쳐 / 굳혀) 비누를 만들었다.

7) 사건 현장을 (산사치 / 샅샅이) 살펴보았다.

8) 의자를 뒤로 (젖혔다 / 저쳤다).

📁 활동 2) 받아쓰기를 해 보아요.

● 단어나 문장을 듣고 바르게 써 봅시다.

1) _____

2) _____

3) _____

4) _____

5) _____

6) _____

7) _____

8) _____

📁 활동 3) 해결해 보아요.

● 올바르게 완성된 글자를 동그라미로 묶어 보세요.

가	가	쳤	다	다	샅	샅
가	갇	혔	다	걷	샅	사
쇠	쳣	쳤	굳	혀	이	산
붙	다	이	다	쳐	샅	샅
이	맏	젖	닫	붙	여	걷
히	지	쳤	혔	쳤	쳐	혀
쇠	이	다	다	다	다	같
구	부	가	치	해	치	이
지	굳	치	도	돚	돋	히
다	이	지	지	이	묻	이

17차시

알약? 알략?

📖 **학습 목표** • 음소첨가 오류 유형을 인식하고, 규칙을 이해하며, 이에 관련된 글자에 적용할 수 있다.

📁 **활동 1) 동그라미 표시해 보아요.**

● 그림을 보고 바르게 쓴 글자에 동그라미 표시해 봅시다.

1) (담뇨 / 담요)를 덮어 주었습니다.

2) 프라이팬에 (시굥뉴 / 식용유)를 두르다.

3) 가을이 되니 (단풍닙 / 단풍잎)이 물들었습니다.

4) 비행기를 타고 (태평양 / 태평냥)을 지나갑니다.

5) (한녀름 / 한여름) 더위도 금세 지나갔다.

6) 약국에서 (알략 / 알약)을 처방받았다.

7) (올여름 / 올려름) 피서는 바닷가로 가자.

8) (일리리 / 일일이) 전화를 하였다.

📁 **활동 2) 색칠해 보아요.**

● 발음에 영향을 주고받는 자음 또는 모음 칸에 색칠해 봅시다.

1) 담요 [담뇨]

___ 와/과 ___ 이/가 만나면 ___ 소리가 나요.

스스로 써 봅시다.

2) 식용유 [시굥뉴]

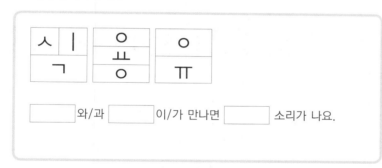

___ 와/과 ___ 이/가 만나면 ___ 소리가 나요.

스스로 써 봅시다.

3) 한여름 [한녀름]

___ 와/과 ___ 이/가 만나면 ___ 소리가 나요.

스스로 써 봅시다.

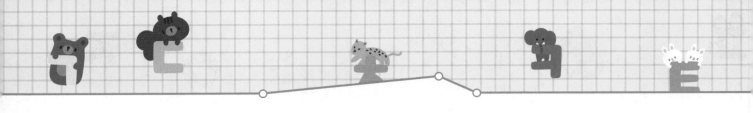

4) 알약 [알략]

ㅇㅏ	ㅇㅑ
ㄹ	ㄱ

[   ] 와/과 [   ] 이/가 만나면 [   ] 소리가 나요.

스스로 써 봅시다.

〈참고〉 음소의 환경에 따라 없던 음소가 새로 생기는 현상을 '음소첨가'라고 합니다.

📁 활동 3) 스스로 써 보아요.

● 보기에서 알맞은 글자를 찾아 써 봅시다.

<문항>	<보기>
1) ( )를 덮으니 따뜻합니다. 2) 가게에서 ( )를 삽니다.	담뇨 / 담요 식용유 / 시공뉴
3) 가을이 되니 ( )이 떨어집니다. 4) ( )은 무척 넓습니다.	단풍잎 / 단풍닙 태평냥 / 태평양
5) ( )은 무척 덥습니다. 6) 감기에 걸려 ( )을 먹었습니다.	한녀름 / 한여름 알약 / 알략
7) ( )도 무더위가 찾아옵니다. 8) 퍼즐을 ( ) 다 맞추었습니다.	올려름 / 올여름 일리리 / 일일이

2단계 **9단원** 음소첨가 오류 유형

나뭇잎? 나문닙?

📖 **학습 목표** • 음소첨가 오류 유형을 인식하고, 규칙을 이해하며, 이에 관련된 글자에 적용할 수 있다.

📁 **활동 1) 동그라미 표시해 보아요.**

● 그림을 보고 바르게 쓴 글자에 동그라미 표시해 봅시다.

1) (꼰닙 / 꽃잎)이 흩날리는 봄입니다.

2) 바람에 (나문닙 / 나뭇잎)이 우수수 떨어졌습니다.

3) 강낭콩 (떡잎 / 떵닙)이 났습니다.

4) 그림책에 (색연필 / 생년필)로 색칠을 했습니다.

5) 아버지는 (부엌일 / 부엉닐)을 하십니다.

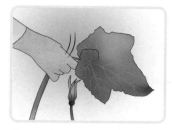

6) (호방닙 / 호박잎)을 따러 갔습니다.

7) 이웃끼리 (반닐 / 밭일)을 돕습니다.

8) (허드렌닐 / 허드렛일)을 거들었습니다.

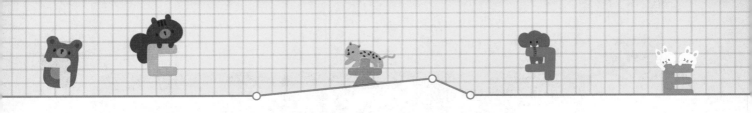

📁 활동 2) 받아쓰기를 해 보아요.

● 단어나 문장을 듣고 바르게 써 봅시다.

1) _____

2) _____

3) _____

4) _____

5) _____

6) _____

7) _____

8) _____

📁 **활동 3) 해결해 보아요.**

● 올바르게 완성된 글자를 동그라미로 묶어 보세요.

단	꽃	닢	떡	부	부	담
풍	잎	닙	담	요	억	뇨
닙	단	올	려	름	닐	일
태	풍	알	여	호	박	닙
평	잎	약	식	름	박	색
냥	태	용	용	색	연	잎
반	뉴	평	유	필	년	허
다	닐	다	양	나	드	필
허	드	렌	닐	렛	뭇	떡
밭	일	다	일	나	문	잎

19차시

바닷가? 바다까?

📖 **학습 목표** • 사이시옷 오류 유형을 인식하고, 규칙을 이해하며, 이에 관련된 글자에 적용할 수 있다.

📁 **활동 1) 동그라미 표시해 보아요.**

● 그림을 보고 바르게 쓴 글자에 동그라미 표시해 봅시다.

1) (바다까 / 바닷가)로 피서를 가다.

2) (기차낄 / 기찻길)을 따라 걷다.

3) (맷돌 / 매똘)로 콩을 갈았습니다.

4) 길거리에 (전보때 / 전봇대)가 줄지어 있습니다.

5) 아침에는 (햇볕 / 해뼡)이 따사하게 내리쬡니다.

6) 창문 밖으로 (비쏘리 / 빗소리)가 들립니다.

7) 동생이 (숫자 / 수짜)를 셉니다.

8) 이번 겨울방학에는 (외가찝 / 외갓집)에서 지냈습니다.

📁 활동 2) 색칠해 보아요.

● 발음에 영향을 주고받는 자음 또는 모음 칸에 색칠해 봅시다.

1) 바닷가 [바다까]

받침 ▢ 와/과 ▢ 이/가 만나면 ▢ 소리가 나요.

스스로 써 봅시다.

2) 맷돌 [매똘]

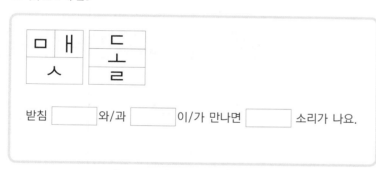

받침 ▢ 와/과 ▢ 이/가 만나면 ▢ 소리가 나요.

스스로 써 봅시다.

3) 햇볕 [해뼫]

받침 ▢ 와/과 ▢ 이/가 만나면 ▢ 소리가 나요.

스스로 써 봅시다.

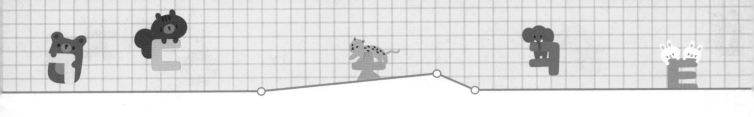

4) 전봇대 [전볻때]

| ㅈ ㅓ / ㄴ | ㅂ ㅗ ㅅ | ㄷ ㅐ |

받침 ☐ 와/과 ☐ 이/가 만나면 ☐ 소리가 나요.

스스로 써 봅시다.

〈참고〉 합성의 앞말이 모음으로 끝날 경우 'ㅅ'이 받쳐 적는 경우가 있습니다. 이런 현상을 '사이시옷 현상'이라고 합니다.

📁 활동 3) 스스로 써 보아요.

● 보기에서 알맞은 글자를 찾아 써 봅시다.

<문항>	<보기>
1) (　　　)에 놀러가자. 2) (　　　)을 따라 걷는다.	바닷가 / 바다까 기차낄 / 기찻길
3) (　　　)로 콩을 갈다. 4) 길 위에 (　　　)가 빼곡합니다.	맨돌 / 맷돌 / 매똘 전보때 / 전봇때 / 전봇대
5) 아침 (　　　)을 쬐었습니다. 6) 창가에 앉아 (　　　)를 듣습니다.	해뻗 / 햇볕 / 해뼡 / 했볕 빗소리 / 비쏘리
7) 동생이 (　　　) 세기를 합니다. 8) 방학에는 (　　　)으로 갑니다.	수짜 / 숫자 외갓집 / 외가찝

2단계 | 10단원 사이시옷 오류 유형

옛날? 옌날?

📖 **학습 목표** • 사이시옷 오류 유형을 인식하고, 규칙을 이해하며, 이에 관련된 글자에 적용할 수 있다.

📁 **활동 1) 동그라미 표시해 보아요.**

● 그림을 보고 바르게 쓴 글자에 동그라미 표시해 봅시다.

1) (옌날 / 옛날)이야기를 들려주셨습니다.

2) 아이의 (윗니 / 윈니)가 나고 있습니다.

3) (아랜니 / 아랫니)도 양치질을 잘해 주어야 합니다.

4) 먼 (훈날 / 훗날) 나는 무엇이 되어 있을까?

5) (잇몸 / 인몸)이 부었다.

6) (혼잔말 / 혼잣말)을 중얼거리며 걷는다.

7) (낸물 / 냇물)이 졸졸졸 흐릅니다.

8) 고기를 (깻잎 / 깬닙)에 싸서 먹었습니다.

📁 활동 2) 받아쓰기를 해 보아요.

● 단어나 문장을 듣고 바르게 써 봅시다.

1) _____

2) _____

3) _____

4) _____

5) _____

6) _____

7) _____

8) _____

📁 활동 3) 해결해 보아요.

● 아래 보기의 조건에 맞게 나뭇잎을 색칠해 봅시다.

〈보기〉 올바르게 쓰인 글자에는 빨간색으로 색칠하여 봅시다.

2단계
단어 부록

1단원 연음규칙
1차시

떡볶이
볼이
아침이
부엌에서
밥이
덮어
짚었다
숲에서

2차시

깎았다
얹었다
닭이
까닭으로
삶을
넋이
몫을
흙이

2단원 경음화
3차시

앞산
학교
국밥
입다
있다
강가
등불
신다

4차시

단점
감다
할 것을
할수록
갈 데가
갈 곳
봄바람
개수

3단원 격음화
5차시

닳도록
싫다고
그렇게
낳게
땋고
좋겠다
빻고
찧게

6차시

납작한
흐뭇한
향긋한
비슷하게
답답해
습한
축하
얽힌

4단원 비음화
7차시

낱말
국물
식물
옛날
닫는다
낳는다
섞는다
깎는다

8차시

몇 리
육류
음력
압력
협력
보험료
음료
속력

5단원 겹받침
9차시

값
몫
않다
앉다
삶
닭
흙
밟다

10차시

언짢은
가엾게
끓는
끓기다
굶다
점잖다
안 되잖니
괜찮다

6단원 유음화
11차시

설날
신라
한라산
난로
원래
진료
본론
신랑

12차시

연료
진로
분리
관람
분류
혼란
줄넘기
물난리

7단원 ㅎ탈락	8단원 구개음화	9단원 음소첨가	10단원 사이시옷
13차시	**15차시**	**17차시**	**19차시**
좋은	맏이	담요	바닷가
낳은	굳이	식용유	기찻길
놓으면	해돋이	단풍잎	맷돌
쌓으니까	닫히다	태평양	전봇대
잃은	묻히다	한여름	햇볕
넣어	같이	알약	빗소리
쌓여	붙이다	올여름	숫자
빻은	쇠붙이	일일이	외갓집
14차시	**16차시**	**18차시**	**20차시**
많이	갇혔다	꽃잎	옛날
않는	묻혔다	나뭇잎	윗니
싫으니까	닫혔다	떡잎	아랫니
않을래	붙이다	색연필	훗날
뚫어	걷혀	부엌일	잇몸
닳아	굳혀	호박잎	혼잣말
낳는	샅샅이	밭일	냇물
잃니	젖혔다	허드렛일	깻잎

단계

03

 3단계 개관

가. 개념 및 원리

3단계는 글쓰기 과정에서 정량적·정성적 글쓰기 확장을 할 수 있도록 구성되어 있습니다. 이는 글쓰기의 발달단계에 맞춰 글을 쓸 수 있도록 글쓰기 활동을 제공하고 있습니다.

글쓰기의 발달단계는 Bereiter(1980)의 연구에 따라 단순 연상적 쓰기 기능, 언어수행적 쓰기 기능, 의사소통적 쓰기 기능, 통합적 쓰기 기능, 인식적 쓰기 기능으로 구분할 수 있습니다.

단순 연상적 쓰기는 머릿속에 생각나는 단어들을 떠오르는 순서대로 글로 옮기는 단계입니다. 언어수행적 쓰기는 글쓰는 과정에서 필요한 표기법, 문법, 글쓰기의 규범이나 관습에 대해 학습하는 단계입니다. 의사소통적 쓰기 기능은 필자가 독자를 고려하여 글을 쓰는 단계입니다. 통합적 글쓰기는 필자 자신이 독자가 되어 글을 감상하고 피드백을 줄 수 있는 단계입니다. 인식적 글쓰기는 글을 쓰는 과정에서 반성적 사고를 통하여 세상에 대하여 새로운 인식을 얻게 되는 단계입니다.

3단계 활동을 통해 글을 쓰는 과정에서 단순 연상적 쓰기에서 인식적 글쓰기 단계에 이르기까지 점진적으로 활동을 할 수 있습니다.

[참고문헌]

이성영(2000). 글쓰기 능력 발달 단계 연구-초등학생의 텍스트 구성 능력을 중심으로-국어국문학 제126권, 5, 27-50.

김동일, 이대식, 신종호(2016). 학습장애아동의 이해와 교육. 서울: 학지사.

나. 활동의 구성

3단계 구성은 크게 네 가지 대주제인 다양한 형태의 글쓰기, 소재를 활용한 글쓰기, 설명 글쓰기, 주장 글쓰기로 구성되어 있습니다. 각 활동은 글쓰기를 쉽게 접할 수 있도록 하기 위해 일상에서 쉽게 접할 수 있는 소재나 구성을 띄고 있습니다. 각 활동에서는 글을 쓰는 과정에서 부담을 가지지 않고 흥미롭게 시작할 수 있도록 충분한 도입 부분을 제공하였고, 그 이후에 글을 써 볼 수 있도록 구성이 되어 있습니다.

3단계 전개 계획

차시	단원	차시명	학습 목표
1	다양한 형태의 글쓰기	일기 쓰기	일기 쓰기 요소에 대해 익힐 수 있다.
2		동시 쓰기	동시를 써 볼 수 있다.
3		편지 쓰기	편지 쓰기를 통해 쓰기에 흥미를 느낄 수 있다.
4		상상해서 쓰기	자유롭게 상상한 내용을 쓸 수 있다.
5		기행문 쓰기	기행문에 대해 알고 기행문을 쓸 수 있다.
6		이야기 읽고 쓰기	이야기 글의 요소를 알고, 이야기의 짜임을 알 수 있다.
7	소재를 활용한 글쓰기	비 오는 날	마인드맵 전략을 알고, 날씨를 소재로 글을 쓸 수 있다.
8		치과에 가요	구체적인 목표 설정 전략을 알고, 치과를 소재로 글을 쓸 수 있다.
9		놀이동산에 가요	쓰기 전 활동에 대해 알고, 놀이동산을 소재로 글을 쓸 수 있다.
10		방학을 해요	워드 프로세싱 전략에 대해 알고, 방학을 소재로 글을 쓸 수 있다.
11		전학 온 친구	협력적 쓰기에 대해 알고, 전학을 소재로 글을 쓸 수 있다.
12		재미있는 생일 파티	모델학습에 대해 알고, 생일 파티를 소재로 글을 쓸 수 있다.
13	설명 글쓰기	여러 가지 특징으로 설명하기	글의 짜임 중 나열방식으로 설명 글을 쓸 수 있다.
14		순서에 맞춰 설명하기	글의 짜임 중 순서짜임의 방식으로 설명 글을 쓸 수 있다.
15		비교와 대조해서 설명하기	글의 짜임 중 비교와 대조를 사용하여 설명 글을 쓸 수 있다.
16		예시를 통해 설명하기	글을 설명하는 방식 중 예시를 활용하여 설명 글을 쓸 수 있다.
17	주장 글쓰기	주장 글을 쓰기 전에	주장 글의 개념과 주장 글의 형식에 대해 알 수 있다.
18		화장을 해도 될까요?	주장 글의 서론에 초점을 맞춰 글을 써 볼 수 있다.
19		친구의 별명을 불러도 될까요?	주장 글의 본론에 초점을 맞춰 글을 써 볼 수 있다.
20		댐을 건설해야 할까요?	주장 글 전체에 초점을 맞춰 글을 써 볼 수 있다.

3단계 지도 시 유의사항

● 글쓰기 과정에서 자유롭게 생각을 펼칠 수 있도록 지도합니다.
● 마지막 부분의 활동인 글쓰기는 꼭 할 수 있도록 지도합니다.

● 차시의 후반부로 갈수록 단계가 심화되기 때문에 주어진 활동뿐만 아니라 주제와 관련된 내용에 대해 함께 대화하고 생각을 확장할 수 있도록(브레인스토밍) 지도합니다.

중재 지도안 예시(직접교수모형 사용)

단계		3단계 1차시 일기 쓰기
활동 목표		일기의 구성요소에 대해 확인하고, 일기를 써 볼 수 있다.
준비물		교재, 연필, 지우개(필요시 노트)
도입		• 브레인스토밍부터 시작한다. • 일기 쓰는 것에 대해 어떻게 생각하는지, 일기를 쓰면 좋은 점은 무엇인지, 일기에 들어가야 할 요소에는 어떤 것들이 있는지에 대해서 자유롭게 생각을 확장한다.
전개	일기의 짜임	• 일기의 구성요소에는 어떤 것들이 있는지 확인한다.
	일기에 어울리는 제목 써 보기	• 간단한 일기를 읽고 제목을 적어 볼 수 있다. • 주어진 일기를 보고 좋은 점, 보완해야 할 점에 대해서 함께 이야기를 나눠 볼 수 있다.
	일기에 쓸 내용	• 일기에 쓸 소재와 글감을 찾아 글을 쓸 준비를 하는 과정을 익힐 수 있다.
	일기 쓰기	• 오늘의 일에 대해서 직접 일기를 써 볼 수 있다.
정리 및 평가		• 학습 내용 정리 및 1단계 마무리 • 2차시 예고

학습 평가

평가영역	관련 차시	평가내용
다양한 형태의 글쓰기를 통해 글쓰기에 흥미를 가질 수 있다.	1~6	쓰기의 정량적인 부분에서 향상을 보일 수 있다.
소재를 활용하여 글쓰기를 하고 글쓰기마다 전략을 활용할 수 있다.	7~12	소재를 활용해 글을 쓰고, 그 글을 평가기준에 맞춰 평가할 수 있다.
설명 글을 쓸 수 있다.	13~16	설명 글을 다양한 방법을 통해 쓸 수 있다.
주장 글을 쓸 수 있다.	17~20	주장 글을 서론, 본론, 결론에 맞춰 쓸 수 있다.

일기 쓰기

📖**학습 목표** • 친숙하게 접할 수 있는 글쓰기 중 하나인 일기 쓰기 요소에 대해 익힐 수 있다.

📁 일기의 짜임

● 일기에 꼭 써야 할 것과 그 내용을 선으로 알맞게 이어 봅시다.

날짜와 요일 ●	● 오늘 하루 가장 기억에 남는 일을 적습니다.
날씨 ●	● 오늘 하루 겪은 일에 대한 생각과 느낌을 솔직하고 자세하게 적습니다.
제목 ●	● 일기는 나의 기록으로 정확한 날짜와 요일을 적습니다.
겪은 일 ●	● 일기의 주제를 쉽게 알 수 있습니다.
생각과 느낌 ●	● 오늘의 날씨가 어땠는지 적습니다.

📁 일기에 어울리는 제목 써 보기

● 다음 일기를 읽고 어울리는 제목을 써 봅시다.

10월 2일 화요일

날씨: 시원한 바람이 부는 날

제목:

　　오늘은 학교에서 가을 운동회가 열렸다. 하늘이 맑고 시원한 바람이 불어서 운동회를 하기
딱 좋은 날씨였다. 오전에는 달리기 시합이 있었다. 나는 긴장을 했는지 순서를 기다리는 동
안 땀이 살짝 났다. 하지만 나는 최선을 다해서 뛰었다. 나는 2등을 해서 기뻤다.

일기에 쓸 내용

● 내가 겪었던 일을 떠올리며 다음의 세 가지 경험 중 한 가지를 골라 아래의 빈칸을 채워 봅시다.

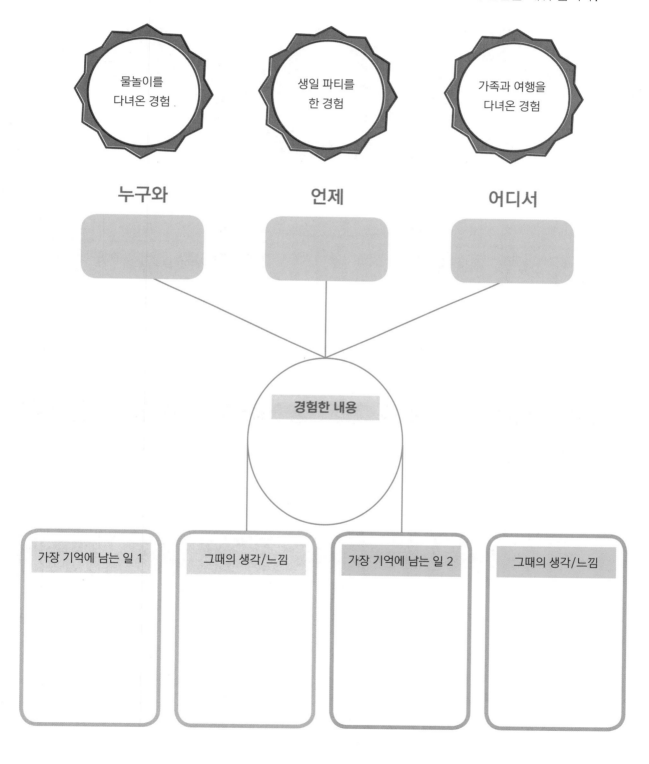

물놀이를
다녀온 경험

생일 파티를
한 경험

가족과 여행을
다녀온 경험

누구와

언제

어디서

경험한 내용

가장 기억에 남는 일 1

그때의 생각/느낌

가장 기억에 남는 일 2

그때의 생각/느낌

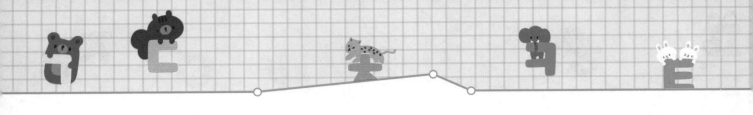

📁 일기 쓰기

● 앞의 활동과 같이 오늘 한 일과 그때의 생각이나 느낌을 살려서 일기를 써 봅시다.

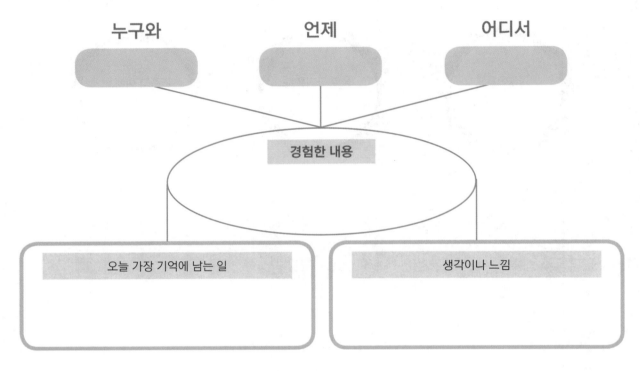

누구와

언제

어디서

경험한 내용

오늘 가장 기억에 남는 일

생각이나 느낌

월   일   요일   날씨

제목

동시 쓰기

📖 **학습 목표** • 계절이라는 친숙한 주제를 활용하여 동시를 써 볼 수 있다.

📁 동시 이해하기

● 다음 내용을 읽고 동시에 대해서 이해해 봅시다.

동시: 어린이가 이해하기 쉬운 언어로 생각과 감정을 담아 쓴 시

대상과 이야기하듯 표현하기	흉내 내는 말을 쓰기	비교하며 표현하기
꽃아 예쁜 꽃아 나와 친구하자 나와 놀러 가자 들로 산으로 놀러 가자	데굴데굴 눈을 굴려서 눈사람을 만들자 데굴데굴 한 번 굴러가면 주먹 만한 눈덩이 데굴데굴 자꾸만 굴리면 나 만한 눈사람	구름은 재주꾼 마음대로 바뀌는 재주꾼 구름은 포근한 솜사탕 달달하고 맛있는 솜사탕

● 세 가지 방법 중 하나를 사용해서 동시를 써 보세요.

계절에 어울리는 동시 써 보기

● 각 동시의 계절에 해당하는 그림을 찾아보고, 계절에 대한 느낌이 잘 드러나도록 빈칸을 완성해 봅시다.

따뜻한 봄바람이 부는 봄에는
우리 함께 봄나들이를 가요.

예) 꽃들이 살랑살랑 춤추는 봄에는

우리 함께 봄나들이를 가요.

우리 함께 봄나들이를 가요.

매미가 맴맴 우는 여름에는
우리 함께 물놀이를 떠나요.

우리 함께 물놀이를 떠나요.

우리 함께 물놀이를 떠나요.

낙엽이 울긋불긋 물이 드는 가을에는
우리 함께 가을소풍을 가요.

우리 함께 가을소풍을 가요.

우리 함께 가을소풍을 가요.

군고구마가 생각나는 겨울에는
우리 함께 눈싸움을 해요.

우리 함께 눈싸움을 해요.

우리 함께 눈싸움을 해요.

📁 1차시(일기 쓰기)와 함께

● 오늘 있었던 일을 동시로 표현해 봅시다. 먼저 오늘 있었던 일을 간단하게 써 본 후, 동시로 바꿔 봅시다.

일기를 동시로 바꿔 봐요!

1. 오늘 어떤 일이 있었나요?

2. 나는 무엇을 했나요?

3. 어떤 생각이 들었나요?

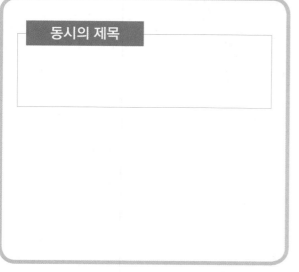

동시의 제목

편지 쓰기

📖 **학습 목표** • 편지 쓰기와 같이 실생활에서 활용할 수 있는 쓰기 활동을 통해 쓰기에 흥미를 느낄 수 있다.

📁 여러 가지 마음 생각해 보기

● 편지를 쓰기 전에 어떤 마음을 표현하고 싶은지 적어 봅시다.

★ 누구: _____

★ 언제: _____

★ 누구: _____

★ 언제: _____

고마움   미안함

축하   위로

★ 누구: _____

★ 언제: _____

★ 누구: _____

★ 언제: _____

📁 마음 표현하기

● 누구에게 어떤 마음을 전할지 생각해 보고, 마음을 잘 나타낼 수 있는 표현을 사용하여 글을 써 봅시다.

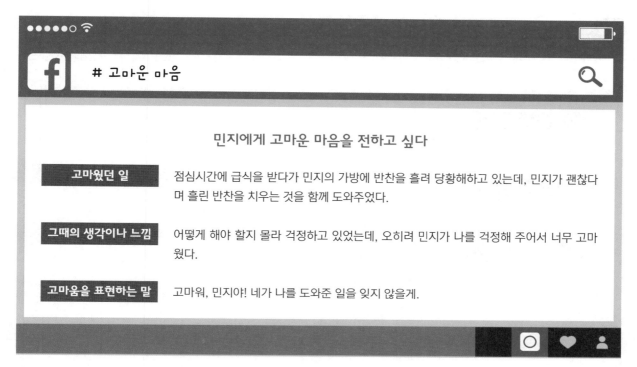

고마운 마음

민지에게 고마운 마음을 전하고 싶다

고마웠던 일	점심시간에 급식을 받다가 민지의 가방에 반찬을 흘려 당황하고 있는데, 민지가 괜찮다며 흘린 반찬을 치우는 것을 함께 도와주었다.
그때의 생각이나 느낌	어떻게 해야 할지 몰라 걱정하고 있었는데, 오히려 민지가 나를 걱정해 주어서 너무 고마웠다.
고마움을 표현하는 말	고마워, 민지야! 네가 나를 도와준 일을 잊지 않을게.

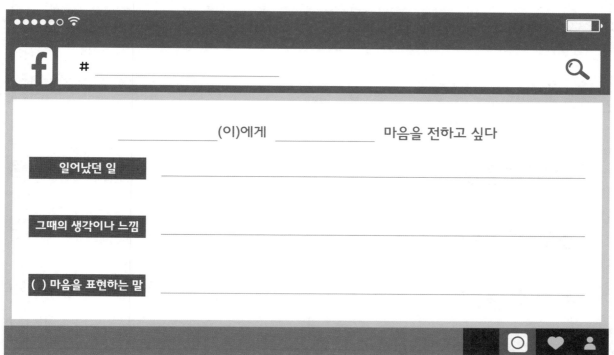

#

_____(이)에게 _____ 마음을 전하고 싶다

일어났던 일	_____
그때의 생각이나 느낌	_____
( ) 마음을 표현하는 말	_____

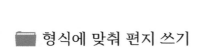

📁 형식에 맞춰 편지 쓰기

● 주변에 편지를 써서 나의 마음을 전하고 싶은 사람이 있나요? 형식에 맞춰 편지를 써 봅시다.

받는 사람	_____
첫인사	_____
하고 싶은 말	_____
	_____
	_____
	_____
	_____
	_____
	_____
끝인사	_____
쓴 날짜	_____년 _____월 _____일
쓴 사람	_____ (이)가

📁 **2차시(동시 쓰기)와 함께**

● 내가 사랑하는 사람에게 보내는 동시를 편지에 함께 써 봅시다.

받는 사람

첫인사

하고 싶은 말

〈　　　　　을(를) 위해 쓴 동시〉

제목

끝인사

쓴 날짜　　　　　　　년　　　　　　월　　　　　일

쓴 사람　　　　　　　　　　　　　(이)가

4차시

상상해서 쓰기

📖 **학습 목표** • 자유롭게 상상한 내용을 바탕으로 글을 써 볼 수 있다.

📁 갖고 싶은 능력 상상하기

● 만약 나에게 세 가지의 능력을 갖도록 해 주는 마법의 구슬이 있다면, 어떤 능력을 가지고 싶은지 이유와 함께 써 봅시다.

하늘을 나는 능력

● 더 높은 곳에서 아래를 내려다 볼 수 있어서 더 넓은 세상을 구경할 수 있기 때문이다.

● _____

● _____

● _____

● _____

● _____

📁 상상한 내용 써 보기

● 다음의 단어를 활용하여 갖고 싶은 세 가지 능력에 대해서 소개하는 글을 써 봅시다.

왜냐하면/그 이유는 ~때문이다.	그리고/또	만약 ~하게 된다면	첫째, 둘째, 셋째

〈제목〉 _____

내가 가지고 싶은 세 가지 능력은 _____, _____,
_____ 이다.

첫째, 하늘을 나는 능력을 가지고 싶다. 왜냐하면 더 높은 곳에서 아래
를 내려다 볼 수 있기 때문이다. 또 가고 싶은 곳에 더 빨리 갈 수 있기
때문이다. 만약 내가 날 수 있게 된다면, 새처럼 자유롭게 날아다니며
이곳저곳을 여행 다닐 것이다.

_____

_____

_____

_____

_____

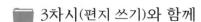

📁 3차시(편지 쓰기)와 함께

● 내가 생각하는 가장 멋진 상상 속 동물을 그려 봅시다. 그 동물은 어떤 특징을 가지고 있는지 그림으로
자세히 나타내고, 상상의 동물에게 편지를 써 봅시다.

내가 생각하는 멋진 상상의 동물을 그려 봅시다.

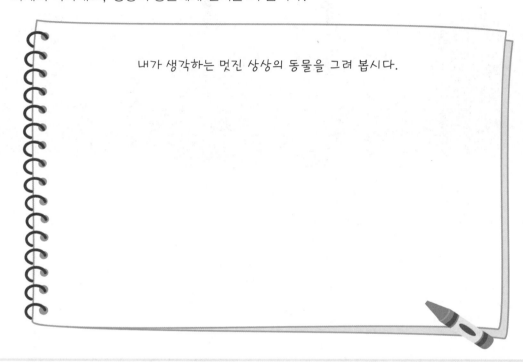

받는 사람	상상 속 동물 _____ 에게 _____
첫인사	_____
상상 속 동물의 멋있는 점, 부러운 점 등 자유롭게 하고 싶은 말을 적어 봅시다.	_____ _____ _____ _____
끝인사	_____
쓴 날짜	_____ 년 _____ 월 _____ 일
쓴 사람	_____ (이)가

3단계 | **1단원** 다양한 형태의 글쓰기

기행문 쓰기

📖 **학습 목표** • 기행문에 대해 알고, 이에 대한 글을 써 볼 수 있다.

📁 기행문의 짜임

● 다음은 기행문의 짜임을 나타내는 단어입니다. 알맞은 내용으로 연결해 봅시다.

여정 •	• 여행 과정이나 일정을 여행한 날짜와 시간, 여행한 장소 등에 맞춰서 차례대로 쓰는 것을 말합니다.
견문 •	• 여행지에서 보고 들은 것을 말합니다.
감상 •	• 여행을 통해 느낀 점이나 소감을 말합니다.

● 알맞은 내용으로 연결해 봅시다.

여정 •	• 천지연 폭포를 보고 왔다.
견문 •	• 제주도의 푸른 바다는 마음을 시원하게 하였다.
감상 •	• 나는 제주도에 다녀왔다.

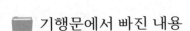

📁 기행문에서 빠진 내용

● 다음 기행문을 읽고 빠진 내용은 무엇인지 골라 봅시다.

> ### 기행문 읽기
>
> 11월 12일, 오늘은 현장학습이 있는 날이다. 선생님과 반 친구들과 함께 익산으로 가는 버스를 탔다. 버스를 타고 아래로 내려갈수록 서울과는 다른 풍경이 펼쳐졌다. 넓은 논과 여러 가지 과일이 열려 있는 과수원들이 보였다. 익산에는 미륵사지 석탑이 있는데 백제 시대에 만들어진 탑이라고 한다. 우리나라에서 가장 오래된 석탑이라고 한다. 구경을 다하고 서울로 돌아왔다.

● 다음의 기행문에서 빠진 내용은 무엇인가요?

| 여정 | 견문 | 감상 |

📁 기행문 아이디어

● 내일 경복궁에 간다고 상상하고 떠나기 전의 기대를 써 봅시다. 인터넷을 검색해서 찾은 자료를 적어도 좋습니다.

내일은 경복궁에 가는 날이다.

📁 나의 여행에 대해서

● 여행을 갔던 기억을 되살려서 나의 여행기에 대해서 적어 봅시다.

나의 여행기

> 언제 갔나요?

> 누구와 함께 갔나요?

> 가장 기억에 남는 일은?

> 가장 기억에 남는 장소는?

> 다녀와서 느낀 점은?

● 앞에서 배운 여정, 견문, 감상을 활용하여 여행기를 써 봅시다.

📁 4차시(상상해서 쓰기)와 함께

● 마법사의 궁전에 여행을 다녀왔다고 상상하고 글을 써 봅시다.

마법사의 궁전으로

언제 갔나요?

누구와 함께 갔나요?

가장 기억에 남는 일은?

가장 기억에 남는 장소는?

다녀와서 느낀 점은?

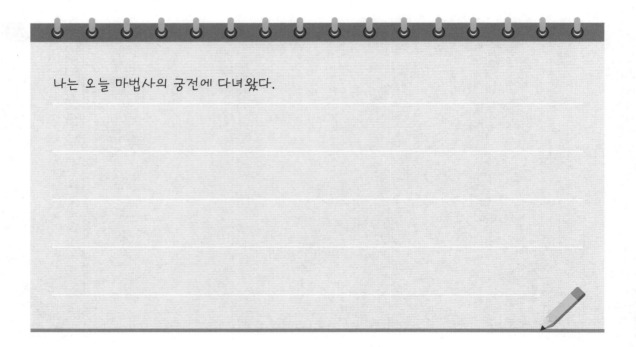

나는 오늘 마법사의 궁전에 다녀왔다.

이야기 읽고 쓰기

📖 **학습 목표** • 이야기 글의 요소를 알고, 이야기의 짜임을 알 수 있다.

📁 **이야기를 쓰기 전에 다음 글을 읽어 보기**

● 다음 글을 읽고 이야기의 짜임에 대해서 알아봅시다.

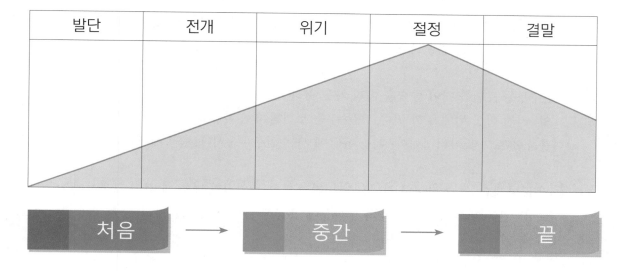

위의 그림은 무엇일까요? 산 같은 모양을 하고 있네요. 밑의 그림은 화살표로 연결되어 있네요. 이 그림들은 이야기의 짜임을 나타내는 표랍니다. 이야기의 짜임은 이야기 속의 사건이 전개되는 과정에 따라서 여러 가지 사건이 진행되는 과정을 말해요. 이야기 속에 여러 사건이 시작되고 긴장감이 점점 심해지다가 해결된답니다.

이야기의 짜임은 '발단－전개－위기－절정－결말'로 이루어지거나 처음－중간－끝으로 나타낼 수 있어요.

발단은 이야기가 시작되는 부분, 전개는 사건이나 갈등이 시작되는 부분, 위기는 이야기에서 어려움을 겪는 부분, 절정은 사건으로 인해 긴장감이 최고로 높아지는 부분, 결말은 사건이 해결되는 부분을 말해요.

처음－중간－끝은 이야기의 짜임을 간단하게 한 것으로, 처음에는 발달과 전개, 중간에는 위기와 절정, 끝에는 결말이 들어가면 좋아요.

그럼 이야기를 통해서 자세히 알아볼까요?

📁 이야기 읽어 보기

● 이야기의 짜임을 고려하며 다음 글을 읽어 봅시다.

깊은 바닷속, 으리으리한 용궁에서는 용왕님이 물고기를 다스리며 살고 있었어요.

그런데 용왕님이 큰 병에 걸려 몸져눕고 말았어요. 바다에서 좋다는 어떤 약도 다 소용이 없었지요. 용한 고래 의원은 용왕님을 낫게 하는 약은 육지에 사는 토끼의 간밖에 없다고 했어요.

용왕님은 토끼를 잡아 오면 큰 상을 내린다고 했어요. 하지만 아무도 뭍으로 가겠다고 나서지 않았지요. 그때 별주부가 가겠다고 나섰어요. 그런데 별주부는 토끼를 본 적이 없었어요. 용왕님은 화가를 불러 토끼를 그리게 했어요. 빨간 눈에, 길쭉한 귀에, 뭉툭한 꼬리. 별주부는 토끼 그림을 눈여겨보고는 둥실둥실 물 위로 헤엄쳐 올라갔어요. 뭍에 오르자 햇살 아래 숲이 환히 드러났어요.

별주부는 토끼를 찾아 숲속을 이리 기웃 저리 기웃.

"앗, 저기 버섯 뒤에 토끼 귀다." 별주부는 토끼를 찾은 후, 이야기를 나눴어요.

"훌륭한 토끼님 아니십니까? 저는 용궁에 사는 별주부올시다! 숲속에서 사느라 고생이 많으시지요?"

"말도 마세요. 늘 호랑이나 사냥꾼이 노리는 데다 추워지면 먹을 게 적어 고생이에요."

"토끼님은 바다에서 아주 유명하기 때문에 용궁에 가면 높은 벼슬자리에, 보물에 편히 놀고먹으며 살 수 있답니다."

토끼는 별주부의 꾀임에 홀딱 넘어가 별주부 등에 타고 바닷속으로 들어갔어요.

지금껏 굽신거리던 별주부는 토끼가 내려서자마자 갑자기 반말을 했어요.

"토끼야, 여기가 용궁이야!"

그리고 문이 열리자마자 병사들이 토끼를 잡아 꽁꽁 묶었어요. 대신이 신하들에게 소리쳤어요.

"이제 토끼의 간을 꺼내 용왕님께 약으로 바치도록 하라!" 토끼는 벌벌 떨렸지만 정신을 똑바로 차렸지요.

"제 간을 달라는 데가 워낙 많아서요. 그래서 잘 씻어서 바위틈에 숨겨 놓고 다닌답니다." 대신들은 깜짝 놀라 토끼를 풀어 주었어요.

그리고 큰 조개를 선물하며 간을 꼭 가져와 달라고 했어요. 토끼는 뭍에 오르자마자 보물을 들고 재빨리 숲으로 껑충껑충 뛰어갔어요.

"토끼님, 토끼님! 간을 주고 가셔야지요."

"세상에 간을 빼 놓고 다니는 동물이 어디 있어?"

별주부는 속았다는 걸 알고 엉엉 울고 말았어요.

● 다음 물음에 답해 봅시다.

1. 이야기의 짜임에 맞게 빈칸을 완성해 봅시다.

> 용왕이 죽을 병에 걸렸으나 다행히 토끼의 간으로 치료가 가능하다는 말을 들음

1) _____

2) _____

> 별주부는 토끼의 간을 가져오기 위해 토끼를 태우고 육지로 감

3) _____

2. 이야기에 나오는 등장인물에 대한 생각이나 하고 싶은 말을 써 봅시다.

용왕
● _____

토끼
● 처음부터 욕심을 부리지 않았다면, 위험한 일에 처하지도 않았을 텐데… 앞으로는 욕심을 조금 줄이렴!
● _____

별주부
● _____

비 오는 날

📖 **학습 목표** • 비 오는 날이라는 날씨의 소재를 바탕으로 쓰기 전략(마인드맵)을 적용하여 글을 쓸 수 있다.

📁 〈전략〉 마인드맵 이해하기

● 마인드맵에 대해서 알아봅시다.

> ### 마인드맵이 뭔가요?
>
> 　종이의 중앙에 핵심 단어와 이미지를 넣고 주요 단어나 기호 혹은 간단한 그림을 그린 후 가지고 있는 생각을 확장시키는, 글쓰기 전에 할 수 있는 쓰기 전략입니다.
>
> 　가장 중심에 핵심이 되는 단어를 쓰고, 색깔을 3가지 이상 사용하는 데 가지가 뻗어 나가는 곳은 같은 색깔로 적습니다. 굵은 가지에서 가는 가지, 더 가는 가지로 연결하면서 생각을 뻗어 갑니다. 각 가지에는 하나의 단어만 쓰되, 이미지를 많이 활용하는 것도 좋습니다.

● '비 오는 날'이라는 주제로 마인드맵을 작성해 봅시다.

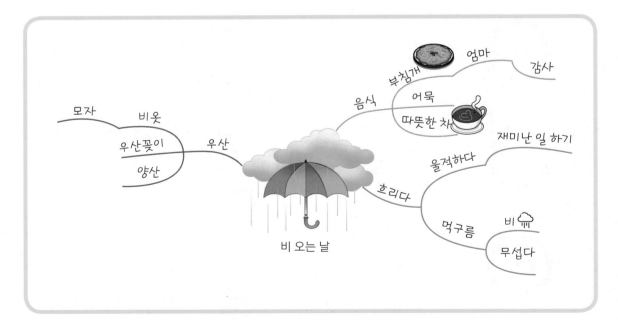

📁 비 오는 날과 맑은 날 비교하기

- 비 오는 날과 맑은 날에 관련된 단어를 분류해서 적어 보고, 비 오는 날과 맑은 날의 특징을 적어 봅시다.

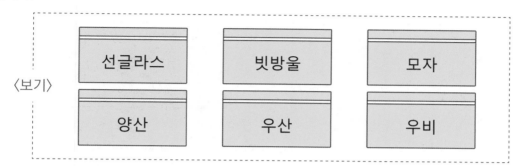

〈보기〉 선글라스　빗방울　모자　양산　우산　우비

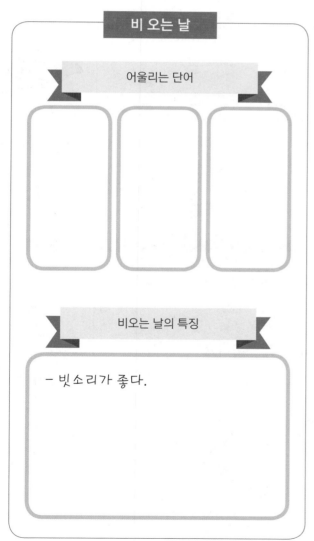

비 오는 날 — 어울리는 단어 — 비오는 날의 특징
- 빗소리가 좋다.

맑은 날 — 어울리는 단어 — 맑은 날의 특징
- 밖에서 놀 수 있다.

마인드맵을 활용하여 글쓰기

● 앞에서 작성한 마인드맵에 나온 단어들을 바탕으로 '비 오는 날'에 떠오르는 단어들을 활용하여 비 오는 날에 있었던 일을 글로 써 봅시다.

비가 오는 날이었다.

_____

_____

_____

_____

점검하기

● 위에 내가 쓴 글을 점검해 봅시다.

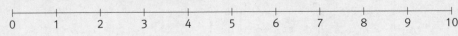

1. 원래 쓰고 싶었던 내용이 들어가 있나요? (예,　아니요)
   ('아니요'라면 다시 글을 읽고 고쳐 보세요.)

2. 맞춤법이나 띄어쓰기를 고쳐야 할 곳이 있나요? (예,　아니요)
   ('예'라면 다시 글을 읽고 고쳐 보세요.)

3. 이 글에 대해 내가 평가한 점수는 몇 점인가요? (0~10점)

   0　1　2　3　4　5　6　7　8　9　10

4. 내가 평가한 점수를 조금 더 올리려면 어떻게 해야 할까요?

3단계 **2단원** 소재를 활용한 글쓰기

치과에 가요

📖 **학습 목표** • 생활 속에서 친숙하게 일어날 수 있는 치과에 가는 소재를 활용하여 글을 쓸 수 있다.

📁 〈전략〉 구체적 목표 설정 이해하기

구체적인 목표를 설정하기

글을 쓰기 전에 완성할 내용에 대한 구체적이고 도달할 수 있는 목표를 설정하는 것은 중요합니다.

예를 들면, 많은 아이디어 추가하기, 특정한 구조를 포함시키기 등이 있습니다.

이번 차시의 마지막 글쓰기 활동에 나오는 치아를 건강하게 유지하기 위해서는 어떻게 해야 할까?에 대해 글을 잘 쓰려면 어떻게 해야 할까요?

먼저, 누구에게 전달하고 싶은지 목표를 설정해야 합니다. 그리고 이에 대한 2~3가지 근거를 생각해 보고 근거에 대한 예시나 뒷받침 정보들을 생각해 봅니다. 구체적인 목표를 설정하면 글을 보다 명료하게 쓸 수 있습니다.

📁 이를 건강하게

● 이를 건강하게 하려면 어떻게 해야 할지 마인드맵을 작성하고, 글로 써 봅시다.

〈마인드맵〉

건강한 이

치아를 건강하게 유지하기 위해서는 어떻게 해야 할까?

📁 순서대로 적어 보기

● 아래 칸에 일어난 일을 순서대로 적어 봅시다.

① 엄마는 "요즘 양치를 안 하고 자더니 이가 썩은 모양이구나."라고 하셨다.

② 치과에 가는 건 무서웠지만 참고 치료를 받았다.

③ 그래서 오늘 오후에 엄마와 함께 치과에 다녀왔다.

④ 다행히 의사 선생님이 치료해 주신 후에는 이가 아프지 않았다.

오늘 아침에 일어났는데 이가 너무 아팠다.

⬇

⬇

⬇

⬇

앞으로는 이를 열심히 닦아야겠다.

📁 점검하기

● 앞 장에서 내가 쓴 글을 점검해 봅시다.

1. 원래 쓰고 싶었던 내용이 들어가 있나요? (예,　아니요)
   ('아니요'라면 다시 글을 읽고 고쳐 보세요.)

2. 맞춤법이나 띄어쓰기를 고쳐야 할 곳이 있나요? (예,　아니요)
   ('예'라면 다시 글을 읽고 고쳐 보세요.)

3. 이 글에 대해 내가 평가한 점수는 몇 점인가요? (0~10점)

   0　1　2　3　4　5　6　7　8　9　10

4. 내가 평가한 점수를 조금 더 올리려면 어떻게 해야 할까요?

놀이동산에 가요

📖 **학습 목표** • 놀이동산(장소)에서 글감을 찾아 글을 써 볼 수 있다.

📁 〈전략〉 쓰기 전 활동

쓰기 전 활동(글을 쓰기 전에)

쓰기 전 활동은 글을 쓰기 전에 아이디어를 생성하거나 조직할 수 있도록 시간을 만드는 것을 말해요. 쓰기 전 활동은 읽기를 통해 쓰기 내용을 모으는 일, 쓰기 전에 아이디어를 눈에 보이게 나타내는 일 등이 있습니다. 혹은 친구들과 함께 이야기를 나누면서 어떤 이야기를 써야 할지 아이디어를 생각해 낼 수 있는 모든 활동을 말합니다.

● 놀이동산에 대한 나의 생각이나 느낌, 놀이동산에 대한 정보, 놀이동산에서 할 수 있는 일 등 다양한 아이디어를 모아 봅시다.

놀이동산에 간다면

● 내일 놀이동산을 간다고 상상하고 마인드맵을 작성해 보고, 글로 써 봅시다.

〈마인드맵〉

놀이동산에 가는 날

내일은 놀이동산에 가는 날이다.

_____

_____

_____

_____

_____

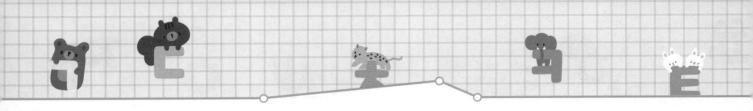

좋아하는 놀이기구 이유 적기

● 가장 좋아하는 놀이기구 두 가지와 그 이유를 적어 보세요.

가장 좋아하는 놀이기구	
놀이기구 이름	이유
바이킹	내가 좋아하는 놀이기구는 바이킹이다. 왜냐하면 위아래로 왔다 갔다 할 때 재미있기 때문이다.
	내가 좋아하는 놀이기구는 _____이다. 왜냐하면 _____ 때문이다.
	내가 좋아하는 놀이기구는 _____이다. 왜냐하면 _____ 때문이다.

점검하기

● 앞 장에서 내가 쓴 글을 점검해 봅시다.

1. 원래 쓰고 싶었던 내용이 들어가 있나요? (예, 아니요)
   ('아니요'라면 다시 글을 읽고 고쳐 보세요.)

2. 맞춤법이나 띄어쓰기를 고쳐야 할 곳이 있나요? (예, 아니요)
   ('예'라면 다시 글을 읽고 고쳐 보세요.)

3. 이 글에 대해 내가 평가한 점수는 몇 점인가요? (0~10점)

   0   1   2   3   4   5   6   7   8   9   10

4. 내가 평가한 점수를 조금 더 올리려면 어떻게 해야 할까요?

방학을 해요

📖 **학습 목표** • '방학'이라는 소재에서 글감을 찾아 글을 써 볼 수 있다.

📁 〈전략〉 워드 프로세싱(컴퓨터 활용하기)

워드 프로세싱(컴퓨터 활용하기)

컴퓨터를 활용하여 글을 써 보는 활동은 쓰기에 대해 조금 더 쉽게 다가갈 수 있도록 도와 줍니다. 컴퓨터로 글을 쓰면 깔끔하고 읽기에도 쉬운 글을 쓸 수 있습니다. 또 글을 쓰면서 내용을 쉽게 추가하고, 삭제할 수 있고, 이동도 가능하기 때문에 글을 자세하고 많이 쓸 수 있다는 장점이 있습니다.

● 방학 중에 쓴 일기를 가지고 있나요? 그중 한 개를 컴퓨터로 작성하고 프린트해서 붙여 봅시다. (방학 중에 쓴 일기가 없다면 오늘 쓴 일기도 좋습니다.)

📁 방학 때 떠난 여행

● 방학 때 가족과 여행을 다녀오거나 친구들과 놀러간 적이 있나요? 여행을 갔던 경험을 떠올려서 빈칸을 적어 봅시다.

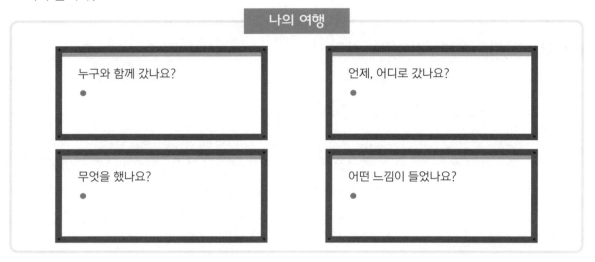

나의 여행

누구와 함께 갔나요?
●

언제, 어디로 갔나요?
●

무엇을 했나요?
●

어떤 느낌이 들었나요?
●

📁 방학 때 하고 싶은 일 써 보기

● 위의 활동 내용을 참고하여 다음 방학에 하고 싶은 일에 대해서 써 봅시다.

방학을 한다면 하고 싶은 일이 있다.

📁 재미있는 활동: 여름방학 VS 겨울방학

● 다음 단어들을 여름방학과 겨울방학 때 할 수 있는 일로 나눠서 적어 봅시다.

스키 타기	포도 따기	얼음낚시	해수욕장
수박 먹기	썰매 타기	눈사람 만들기	해바라기 축제 가기

여름	겨울

📁 점검하기

● 앞 장에서 내가 쓴 글을 점검해 봅시다.

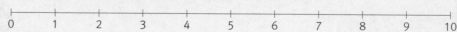

1. 원래 쓰고 싶었던 내용이 들어가 있나요? (예, 아니요)
   ('아니요'라면 다시 글을 읽고 고쳐 보세요.)

2. 맞춤법이나 띄어쓰기를 고쳐야 할 곳이 있나요? (예, 아니요)
   ('예'라면 다시 글을 읽고 고쳐 보세요.)

3. 이 글에 대해 내가 평가한 점수는 몇 점인가요? (0~10점)

   0   1   2   3   4   5   6   7   8   9   10

4. 내가 평가한 점수를 조금 더 올리려면 어떻게 해야 할까요?

11차시　전학 온 친구

📖 **학습 목표**　• 전학과 같이 학교에서 일어날 수 있는 일을 생각하며 글을 쓸 수 있다.

📁 〈전략〉 협력적 쓰기

협력적 쓰기

협력적 쓰기는 단어에서 알 수 있듯이 함께 쓰기를 하는 활동을 말합니다. 글을 쓰기 위해 계획하고, 틀을 작성하고, 글을 쓰고 수정하는 과정에서 친구들과 함께 협력해서 글을 쓰는 것을 말합니다. 마치 쓰기 파트너가 되어 내용을 검토하고, 아이디어를 함께 생성하고 작성할 수 있습니다.

● 다음 장에 있는 '내가 전학을 간다면' 글을 써 본 후, 친구와 나눠 읽어 봅시다.

1) 친구의 글 내용은 이해가 잘 되나요?

2) 친구의 글에서 맞춤법이 틀린 부분은 없나요?

3) 친구의 글이 조금 더 멋진 글이 되려면 어떤 부분을 고치면 좋을까요?

📁 자유롭게 생각하기

● 우리 반에 새로 친구가 전학을 오면 어떤 점을 도와주어야 할까요? 어떻게 하면 친해질 수 있을까요?

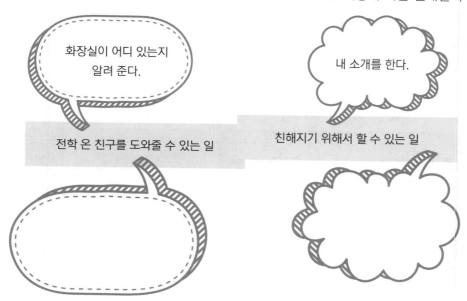

화장실이 어디 있는지 알려 준다.

내 소개를 한다.

전학 온 친구를 도와줄 수 있는 일

친해지기 위해서 할 수 있는 일

📁 내가 전학을 간다면

● 내가 전학을 간다면 어떨까요? 전학을 갔다고 상상하고 전학 첫 날의 일기를 써 봅시다.

오늘 새로운 학교로 전학을 갔다.

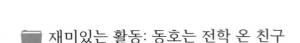

📁 재미있는 활동: 동호는 전학 온 친구

● 사다리타기를 통해 전학 온 동호의 특징을 찾아보고, 찾은 내용을 써 봅시다.

전학 오기 전 학교	전학 온 학교	동호의 성격	나의 성격

재미있다	착하다	하늘초등학교	바다초등학교

오늘 우리 반에 동호라는 새 친구가 전학을 왔다. 동호는 성격이 _____.
동호는 전학을 오기 전에 _____ 내 성격은 _____.
에 다녔다. 우리는 좋은 친구가 될 것 같다.
우리 학교 이름은 _____
이다.

📁 점검하기

● 앞 장에서 내가 쓴 글을 점검해 봅시다.

1. 원래 쓰고 싶었던 내용이 들어가 있나요? (예,   아니요)
   ('아니요'라면 다시 글을 읽고 고쳐 보세요.)

2. 맞춤법이나 띄어쓰기를 고쳐야 할 곳이 있나요? (예,   아니요)
   ('예'라면 다시 글을 읽고 고쳐 보세요.)

3. 이 글에 대해 내가 평가한 점수는 몇 점인가요? (0~10점)

   0   1   2   3   4   5   6   7   8   9   10

4. 내가 평가한 점수를 조금 더 올리려면 어떻게 해야 할까요?

   _____

3단계 **2단원** 소재를 활용한 글쓰기

재미있는 생일 파티

📖 **학습 목표** • 생일 파티 때의 소재를 바탕으로 쓰기 전략(모델학습)을 활용하여 글을 쓸 수 있다.

📁 〈전략〉 모델학습

모델학습

　모델학습이란 잘 쓴 글을 모델로 학생들에게 보여 주며 좋은 점은 어떤 것이 있고, 자신의 글에는 어떤 부분을 적용하고 싶은지에 대해서 학습하는 것을 말합니다. 좋은 모델이 될 수 있는 글은 친구의 글이 될 수도 있고, 선생님께서 써 주신 글이 될 수도 있고, 내 글이 될 수도 있답니다.

● 다음 장의 내가 쓴 나의 생일파티에 대한 글을 다시 한번 읽고 친구들에게 보여 줄 때 어떤 점이 잘 써졌다고 말해 줄 수 있는지 생각해 봅시다.

　1) 글의 내용

　2) 글의 길이

📁 나의 생일 파티

● 나의 생일 파티에는 무엇을 하고 싶은지, 마인드맵을 작성해 보고, 자유롭게 글을 써 봅시다.

생일 파티

나의 생일 파티에는

_____

_____

_____

_____

_____

📁 재미있는 활동

● 다음 〈보기〉에는 글자가 섞여 있습니다. 어떤 단어가 숨겨져 있을까요? (생일과 관련된 단어)

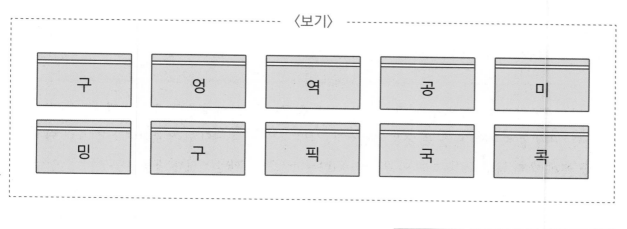

〈보기〉

구	엉	역	공	미
밍	구	픽	국	콕

정답 ▢ ▢ ▢

📁 점검하기

● 내가 쓴 글을 점검해 봅시다.

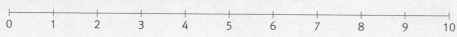

1. 원래 쓰고 싶었던 내용이 들어가 있나요? (예, 아니요)

   ('아니요'라면 다시 글을 읽고 고쳐 보세요.)

2. 맞춤법이나 띄어쓰기를 고쳐야 할 곳이 있나요? (예, 아니요)

   ('예'라면 다시 글을 읽고 고쳐 보세요.)

3. 이 글에 대해 내가 평가한 점수는 몇 점인가요? (0~10점)

   0   1   2   3   4   5   6   7   8   9   10

4. 내가 평가한 점수를 조금 더 올리려면 어떻게 해야 할까요?

_____

13차시

여러 가지 특징으로 설명하기

📖 **학습 목표** • 글의 짜임 중 나열방식으로 특징을 설명해 볼 수 있다.

📁 3단원 들어가기 전에

3단원에서는 설명 글에 대해서 알아보도록 합시다. 설명 글은 '느낌이나 생각'이 들어가지 않은 '사실'만을 쓴 글을 말합니다. 설명 글은 '글의 짜임'을 생각하며 쓰면 보다 쉽게 쓸 수 있어요. '글의 짜임'은 글의 뼈대를 만들어서 짜임새 있는 글을 만드는 것을 말합니다. 글의 짜임에는 나열짜임, 순서짜임, 비교와 대조짜임이 있습니다. 또 예시를 들어 설명하기도 합니다. 이렇게 다양한 내용을 함께 학습하여 볼까요?

📁 설명문 이해하기: 처음-중간-끝에 대해서 알아보기

설명 글을 쓸 때는 처음-중간-끝으로 맞춰서 쓰게 됩니다. 그런데 처음, 중간, 끝은 무엇을 말하는 걸까요?

처음 부분은 글의 시작하는 부분을 말해요. 이 부분에는 소개하는 내용을 쓰거나 모르는 내용에 대해 설명하면서 시작합니다. 가운데 부분은 쓰고자 하는 내용을 자세하게 설명해 주는 부분입니다. 가운데 부분에는 여러 문단으로 글을 구성할 수 있어요. 끝 부분은 내용을 끝맺는 부분으로, 글의 내용을 정리하는 내용이 들어갑니다.

활동을 통해서 처음-중간-끝에 대해서 자세히 알아볼까요?

📁 나열짜임에 대해서 알아보기

● 나열짜임은 하나의 주제에 대하여 몇 가지 특징을 늘어놓는 글의 짜임을 말해요. 예를 들면, '첫째' '둘째' '셋째'와 같은 방식으로 북극곰의 특징에 대해서 설명해 볼 수 있어요. 예를 살펴볼까요?

> 북극곰의 특징은 세 가지가 있다. 첫째, 추위를 잘 견딘다. 북극곰은 영하 40도의 추위에서도 견딜 수 있다. 둘째, 먹이를 많이 섭취한다. 추위를 견뎌야 하기 때문에 많은 양의 음식을 먹는다. 셋째, 사냥을 잘한다. 북극곰은 얼음에서도 미끄러지지 않고, 달리기 속도가 빨라서 사냥감을 놓치지 않는다.

● 또 글을 쓰기 전에 아래와 같이 틀에 맞춰서 생각하면 글을 더 쉽게 쓸 수 있습니다.

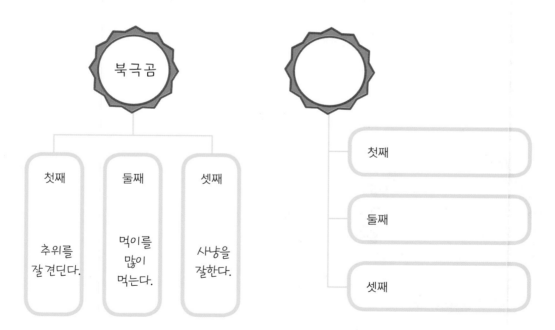

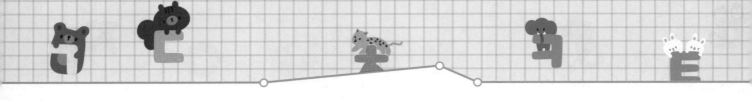

📁 나열짜임으로 '나' 소개하기

● 원 안에 나를 그려 보고, 나의 성격, 내가 좋아하는 것, 나의 외모에 대해서 채워 봅시다.

〈예〉

나의 성격

– 친절하다, 재미 있다, 내성적이다

내가 좋아하는 것

– 피아노, 치킨, 엄마, 수영

나의 외모

– 머리가 짧다, 키가 작다, 눈이 크다

〈'나' 설명하기〉

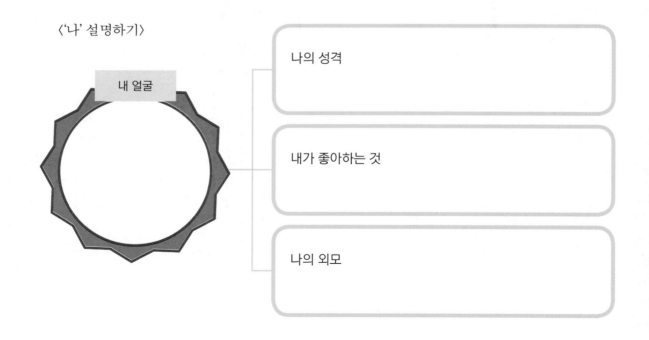

내 얼굴

나의 성격

내가 좋아하는 것

나의 외모

📁 재미있는 활동: 나열짜임으로 현수 소개하기

● 다음은 현수의 특징이 숨겨져 있는 미로찾기입니다. 두 갈래로 나누어진 길에서 박스 안에 어울리는
단어를 찾아 빠져나가면서 현수의 특징을 적어 봅시다.

〈현수 설명하기〉

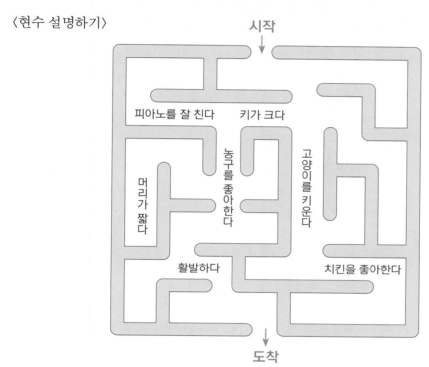

● 현수의 얼굴을 상상해서 그려 보고, 특징을 빈칸에 채워 보세요.

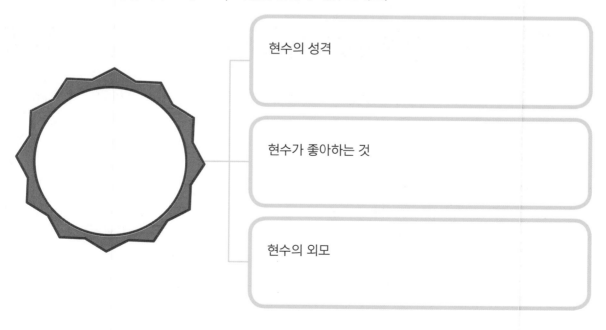

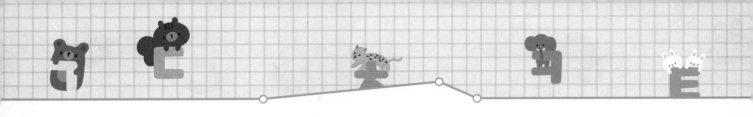

📁 나를 소개하는 글 써 보기

● 글의 짜임을 바탕으로 '나'를 소개하는 글을 써 봅시다.

> **저를 소개합니다.**

📁 현수를 소개하는 글 써 보기

● 237쪽의 미로에서 찾은 특징을 바탕으로 현수를 소개하는 글을 써 봅시다.

> **제 친구 현수를 소개합니다.**

14차시 순서에 맞춰 설명하기

📖**학습 목표** •글의 짜임 중 순서짜임의 방식으로 글을 설명할 수 있다.

📁 **순서짜임에 대해서 알아보기**

> 순서짜임은 시간이나 공간의 순서에 따라 설명하는 글의 짜임을 말해요. 예를 들어, '맨 처음' '그다음' '~한 뒤'같은 말을 활용하여 글을 써 볼 수 있어요. 순서짜임도 나열짜임과 같이 틀에 넣어 정리를 할 수 있습니다. 아래 나오는 그림은 순서짜임을 나타낸 틀이랍니다.

📁 **순서 짜임의 예**

> 순서짜임은 시간이나 공간의 순선에 따라 설명하는 글의 짜임을 말합니다. 예를 들어, '맨 처음' '그다음' '~한 뒤'와 같은 말을 활용하여 글을 써 볼 수 있어요.
> 대표적으로 라면을 끓이는 순서에 대해서 설명해 볼 수 있어요. 예를 살펴볼까요?

> 라면을 끓이는 방법은 간단하다. 맨 처음, 물 550ml를 넣고 끓인다. 그다음에는 면과 분말스프, 후레이크를 같이 넣어 준다. 마지막으로 4분 30초간 끓이면 라면이 완성된다.

● 순서짜임 글을 쓰기 전에 아래와 같이 틀에 맞춰서 생각하면 글을 더 쉽게 쓸 수 있습니다.

순서짜임 구조

	➡	➡

예) 라면 끓이는 법

물 550ml를 끓인다.	➡	면과 분말스프, 후레이크를 같이 넣는다.	➡	4분 30초간 더 끓이면 라면이 완성된다.

알맞은 단어 골라 보기

● 다음 보기에서 알맞은 단어를 골라서 괄호 안에 적어 봅시다.

〈보기〉

| 요리 시작 전에 | 마지막으로 | 그리고 |
| 가장 먼저 할 일은 | 다음에 | |

처음	우리가 자주 먹는 맛있는 간식인 떡볶이 만드는 법에 대해서 설명해 보려고 한다.
중간	( ) 재료를 준비한다. 재료는 떡, 어묵, 물, 설탕, 고추장, 간장, 파가 있다. ( ) 떡과 물을 넣고 끓여야 한다. 떡이 어느 정도 익은 ( ) 설탕, 고추장, 간장을 분량에 맞게 넣는다. ( ) 어묵과 파를 넣어 양념이 고루 베일 때까지 중불에서 졸인다. ( ) 예쁜 접시에 담아 맛있게 먹는다.
끝	떡볶이는 간단하고 쉽게 만들 수 있는 맛있는 음식이다.

재미있는 활동: 떡볶이에 들어갈 재료 골라 보기

● 위의 글을 참고하여 떡볶이에 들어가는 재료를 〈보기〉에서 찾아 동그라미 해 봅시다.

〈보기〉

총 몇 개의 재료가 있나요? [   ] 개

📁 알맞은 문장 적어 보기

● 다음 보기의 번호를 설명 글 중간에 알맞게 적어 봅시다.

〈보기〉

① 세종대왕은 1450년에 세상을 떠났다.

② 세종대왕은 1397년에 태어났다.

③ 세종대왕이 1446년에 집현전 학자들과 함께 만든 훈민정음은 가장 훌륭한 문화유산으로 꼽고 있다.

처음	한글을 창제하신 세종대왕에 대해 소개해 보려고 한다.
중간	( ) 세종대왕은 어려서부터 눈병이 날 정도로 독서와 공부에 열중했고, 임금이 된 후에도 계속되었다. ( ) 또한 농사법에 대해서도 관심을 많이 가져 농사직설을 편찬하여 백성들이 편안하게 살 수 있도록 도왔다. ( )
끝	세종대왕은 백성을 사랑하고 수많은 업적을 남긴 위인이다.

📁 재미있는 활동: 세종대왕의 업적 골라 보기

● 위의 설명문을 참고하여 세종대왕이 한 일을 〈보기〉에서 찾아 동그라미 해 봅시다.

〈보기〉

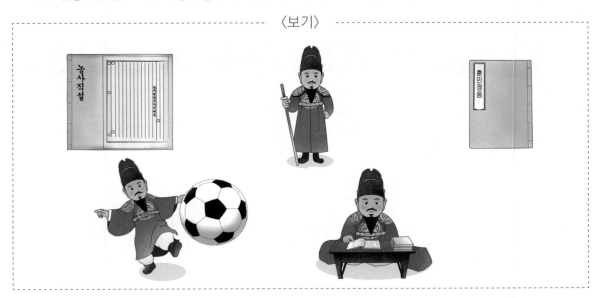

총 몇 개의 업적이 있나요? [   ] 개

📁 떡볶이 만드는 방법 직접 써 보기

● 앞에서 한 활동을 참고하여 떡볶이 만드는 법을 써 봅시다.

> **지금부터 떡볶이를 만드는 방법에 대해 소개해 보겠습니다.**

📁 세종대왕 소개하기

● 앞에서 한 활동을 참고하여 세종대왕의 업적을 소개해 봅시다.

> **지금부터 세종대왕의 업적에 대해 소개해 보겠습니다.**

3단계 **3단원** 설명 글쓰기

비교와 대조해서 설명하기

📖 **학습 목표** • 설명문의 짜임 중 비교와 대조를 활용하여 글을 쓸 수 있다.

📁 비교와 대조에 대해 알아보기

비교와 대조 짜임은 두 대상의 공통점과 차이점을 중심으로 설명하는 글의 짜임을 말해요. 예를 들어, '차이가 있다' '다르다' '이와 달리' '반면' '비슷하다'와 같은 말을 활용하여 글을 써 볼 수 있어요. 비교와 대조 짜임도 앞에 나온 짜임들과 같이 틀에 넣어 정리를 할 수 있습니다. 아래 나오는 그림은 비교와 대조 짜임을 나타낸 틀이랍니다.

<비교와 대조 짜임 틀>

📁 비교와 대조 짜임 틀에 맞춰 브레인스토밍하기

● 코끼리와 기린을 비교할 때 다음과 같이 벤다이어그램에 적어서 특징을 구별할 수 있습니다.

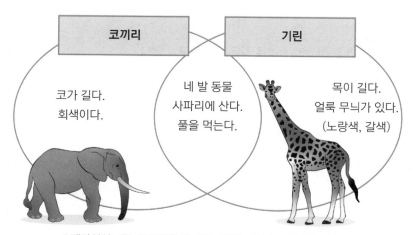

코끼리		기린
코가 길다. 회색이다.	네 발 동물 사파리에 산다. 풀을 먹는다.	목이 길다. 얼룩 무늬가 있다. (노랑색, 갈색)

* 벤다이어그램: 공통점은 두 원이 겹치는 곳에, 차이점은 겹치는 곳 바깥쪽에 적는 방법입니다.

📁 비교하여 설명하기

● 다음은 야구와 축구의 같은점과 다른점을 쓴 설명 글입니다. 내용을 잘 읽고 아래 표를 완성해 봅시다.

축구와 야구

축구와 야구는 ① 공을 가지고 하는 경기이고, ④ 여럿이 한 팀이 되어 게임을 하는 경기라는 공통점이 있다. 그리고 ⑥ 야외에서 경기를 한다. 그래서 축구장과 야구장이 있다.

그러나 축구는 ⑦ 전반전과 후반전으로 시간을 정하고 종료하게 되는 반면, 야구는 ⑤ 횟수를 정해서 경기를 진행하고 점수에 따라 종료가 된다. 또, 야구는 ③ 글러브, 야구방망이, 모자, 헬멧을 사용하지만, 축구는 ② 공 이외에는 따로 사용하는 도구가 없다.

	축구	야구
공통점	① 공을 가지고 하는 경기이다.	
차이점	② 공 이외에는 따로 사용하는 도구가 없다.	

📁 소재 찾아 글쓰기

● 다음 십자말풀이에 알맞은 단어를 찾아봅시다. 하늘색으로 칠해진 곳에 완성된 두 단어를 확인한 후, 비교와 대조를 통해 설명하는 글을 써 봅시다.

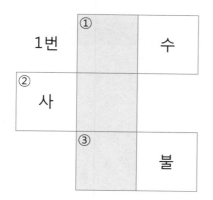

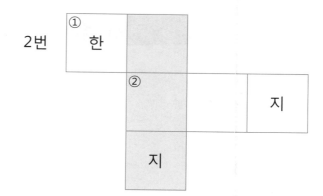

〈1번〉

① 땅이 우묵하게 들어가 물이 고여 있는 곳. 대체로 못이나 늪보다 훨씬 넓고 깊은 곳이다.

② 어떤 사물이나 대상을 아끼고 소중히 여기거나 즐기는 마음

③ 잘 때 몸을 덮고 잘 수 있는 것

〈2번〉

① 우리나라의 가운데에 흐르는 강

② 나를 낳아주신 남자를 부르는 말

나는 동물 1번(   )와(과) 2번(   )을(를) 비교했다.

_____

_____

_____

_____

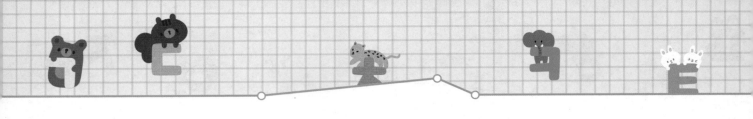

📁 비교와 대조해서 글쓰기

● 비교와 대조하여 쓰고 싶은 주제를 선택해 벤다이어그램을 완성한 후, 글을 써 봅시다.

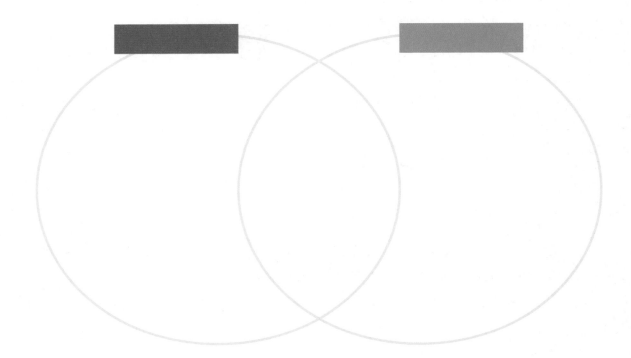

나는 (   )와(과) (   )(을)를 비교했다.

3단계 **3단원** 설명 글쓰기

예시를 통해 설명하기

📖 **학습 목표** • 글을 설명하는 방식 중 예시를 활용하여 글을 써 볼 수 있다.

📁 예시에 대해 알아보기

> 예시는 설명을 할 때 매우 효율적인 방법입니다. 어떤 개념에 대해서 잘 이해가 가지 않을 때 예를 들어 설명하면 어떤 내용인지 쉽게 알 수 있습니다. 대표적으로 '과일에는 여러 가지 종류가 있습니다. 예를 들어 사과, 포도, 복숭아, 파인애플 등이 있습니다.'와 같이 쓸 수 있습니다.

〈예시로 나타낼 수 있는 개념〉

〈과일을 다양한 예를 들어서 설명하기〉

〈학용품을 다양한 예를 들어서 설명하기〉

〈전자제품을 다양한 예를 들어서 설명하기〉

📁 예시를 구조로 나타내기

● 전자제품의 예를 구조화해서 나타내 봅시다.

전자제품

세탁기　　드라이기　　냉장고

📁 글에 알맞은 예를 찾아서 넣기

● 다음에 주어진 글을 읽고, 분류에 알맞은 예를 〈보기〉에서 찾아 넣어 보세요.

---〈보기〉---

| 돼지고기 | 고등어 | 파 | 당근 | 소고기 | 갈치 |
| 멸치 | 양파 | 오이 | 닭고기 | 조기 | 양고기 |

〈서영이와 기준이가 좋아하는 것은 너무나도 달라!〉

서영이는 고기를 매우 좋아한다. 그래서 편식을 한다고 엄마한테 가끔 혼나기도 한다. 서영이가 좋아하는 고기는 여러 가지가 있는데, 예를 들면 ① _____, ② _____, ③ _____, ④ _____ 등이 있다. 서영이는 고기를 많이 먹어서 튼튼한 것 같다. 반면에 기준이는 고기보다는 생선을 더 좋아한다. 특히 ① _____, ② _____, ③ _____, ④ _____ 등 바다에서 나는 것은 다 좋아한다. 서영이와 기준이는 둘 다 야채는 싫어하는데, 특히 싫어하는 야채에는 ① _____, ② _____, ③ _____, ④ _____ 가 있다. 그렇지만 야채도 골고루 먹어야 몸에 균형을 이룰 수 있다고 한다. 서영이와 기준이는 편식을 하지 말고 다양하게 먹어야 한다.

📁 내가 좋아하는 음식 예를 들어 설명하기

● 내가 좋아하는 음식은 무엇이 있는지 예를 들어 글을 써 봅시다(음식 종류 다양하게 적기).

> **내가 좋아하는 음식은**
>
> _____
>
> _____
>
> _____

빙고 맞추고 글쓰기

● 다음 빙고판에서 같은 분류로 묶이는 단어들을 찾아서 동그라미 해 봅시다. 몇 개의 빙고줄이 만들어 졌나요? 분류된 단어들을 활용해서 글을 써 봅시다.

조끼	와이셔츠	치마
수학	바지	고양이
시계	코트	강아지

내가 찾은 단어들의 공통점은 (   )이다.

[   ] 의 예에는 [   ] , [   ] , [   ] , [   ] ,

[   ] 가 있다. 이것을 통틀어서 부를 때는 옷이라고 할 수 있다.

• 내가 좋아하는 옷 스타일, 싫어하는 옷 스타일 등을 자유롭게 적어 봅시다.

_____

_____

_____

_____

17차시 주장 글을 쓰기 전에

📖 **학습 목표** • 주장 글의 개념과 주장 글의 형식에 대해서 알 수 있다.

📁 4단원 들어가기 전에

4단원에서는 주장 글에 대해서 알아보도록 해요. 주장 글은 다른 사람을 설득하기 위하여 자신의 생각이나 주장을 짜임새 있게 쓴 글을 말해요. 주장 글은 생각이 담긴 주장 부분과 이 주장을 뒷받침하는 내용인 근거 부분으로 나뉩니다. 주장 글은 서론, 본론, 결론으로 짜여 있습니다. 이번 단원에서는 주장 글을 짜임새에 맞춰 글을 써 보도록 해요.

📁 주장 글의 구성에 대해서 알아보기

● 주장 글은 서론, 본론, 결론으로 짜여 있습니다. 서론, 본론, 결론이 무엇인지 알아보도록 할까요?

서론

글을 쓰게 된 문제 상황과 글쓴이의 주장을 밝힙니다.

본론

글쓴이의 주장에 대한 적절한 근거를 제시합니다.

결론

글의 내용을 요약하고, 주장하는 내용에 대해 다시 한번 강조합니다.

주장 글의 예시

〈틀〉

초등학생에게 일기 쓰기 검사가 꼭 필요할까요?

서론

초등학생에게 일기 쓰기 검사는 필요하지 않다.

본론

- 알리고 싶지 않은 나의 생각을 선생님에게 알리게 된다.
- 일기가 숙제가 되면 나의 솔직한 감정을 쓰기가 어렵다.
- 일기 쓰기를 의무적으로 하는 것은 글쓰기 향상에 도움이 되지 않는다.

결론

나는 선생님께서 일기 쓰기 검사하는 것을 반대한다.

〈주장 글쓰기〉

초등학생에게 일기 쓰기 검사가 꼭 필요할까요?

서론

초등학생에게 일기 쓰기 검사는 필요하지 않다.

본론

일기 쓰기 검사는 필요하지 않다고 생각한다. 우선, 나만의 비밀 이야기나 생각을 선생님께서 보기 때문이다. 일기가 숙제가 되면 나의 솔직한 감정을 쓰기 어렵다. 또한 의무적으로 일기를 쓰는 것은 글쓰기 능력에 도움이 되지 못한다.

결론

나는 선생님께서 일기 쓰기 검사하는 것을 반대한다.

📁 주장에 대한 이유 찾기

● 다음 주장을 보고, 그 주장을 뒷받침할 수 있는 이유를 두 가지씩 써 봅시다.

주장	바른 말, 고운 말을 사용해야 한다.
이유1	듣는 사람이 기분이 나쁘지 않기 위해서이다.
이유2	비속어나 유행어를 쓰면 서로 이해하기가 어렵다.

주장	책을 읽어야 한다.
이유1	
이유2	

주장	플라스틱을 재활용해야 한다.
이유1	
이유2	

주장	벽에 낙서를 하면 안 된다.
이유1	
이유2	

📁 다음 차시에서는…

이번 단원에서는 주장 글을 쓰기 전에 준비해야 할 내용에 대해서 학습해 보았습니다. 여기서 읽은 내용을 바탕으로 다음 차시에서는 주장 글을 쓰는 활동을 해 볼까요?

3단계 **4단원** 주장 글쓰기

화장을 해도 될까요?

📖**학습 목표** • 주장 글을 쓰는 과정에서 서론에 초점을 맞춰 글을 써 볼 수 있다.

📁 재미있는 활동: 글쓰기 전에

● 다음 그림에서 화장을 한 후, 바뀐 부분에 동그라미 해 보고 아래 적어 봅시다.

어느 부분이 바뀌었는지 적어 보세요.

화장에 대한 생각 적기

● 화장을 해 본 적 있나요? 혹은 화장을 한 친구를 본 적이 있나요? 어떤 생각이 들었는지 자유롭게
적어 봅시다.

초등학생의 화장			
찬성		반대	
이유		이유	
1		1	
2		2	

📁 서론 적기

● 다음 글을 보고 서론에 어떤 내용이 들어가야 할지 자유롭게 적어 봅시다.

서론: 글을 쓰게 된 문제 상황과 글쓴이의 주장을 써요.

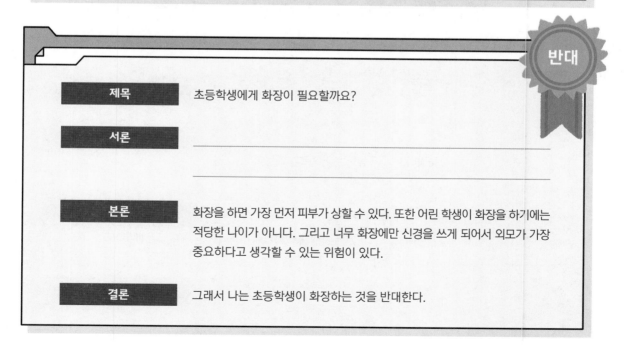

찬성

제목	초등학생에게 화장이 필요할까요?
서론	_____
본론	화장을 하는 것은 개성을 표현할 수 있는 방법이다. 또한 화장을 해서 예뻐짐을 통해 스트레스를 풀고 자신을 꾸미고 싶은 욕구를 채울 수 있다. 화장을 하는 것은 청소년의 새로운 문화이다.
결론	그래서 나는 초등학생이 화장하는 것을 찬성한다.

반대

제목	초등학생에게 화장이 필요할까요?
서론	_____
본론	화장을 하면 가장 먼저 피부가 상할 수 있다. 또한 어린 학생이 화장을 하기에는 적당한 나이가 아니다. 그리고 너무 화장에만 신경을 쓰게 되어서 외모가 가장 중요하다고 생각할 수 있는 위험이 있다.
결론	그래서 나는 초등학생이 화장하는 것을 반대한다.

친구의 별명을 불러도 될까요?

📖 **학습 목표** · 주장 글을 쓰는 과정에서 본론에 초점을 맞춰 글을 써 볼 수 있다.

📁 글쓰기 전에

- 다음 그림의 동물들에게 어울리는 별명을 지어 봅시다. 그리고 그렇게 생각한 이유에 대해서 적어 봅시다.

동물 이름	별명	그렇게 생각한 이유
기린		
악어		
개구리	폴짝이	높이 뛰어오르기 때문이다.
하마		
거북이		
캥거루	사랑이	아기를 사랑해서 캥거루 주머니에 담고 다니기 때문이다.
얼룩말		
원숭이		
앵무새		

📁 별명 생각해 보기

● 나의 별명이 있나요? 별명을 적어 보세요. 그리고 친구들의 별명도 같이 적어 보세요.

우리 반 친구들의 별명

나

📁 별명을 불렀을 때 친구들의 반응

● 친구들의 별명을 불렀을 때 반응이 어땠나요? 좋아하거나 싫어했는지 동그라미 표시해 보고, 그 이유는 무엇이었을지 생각해 적어 봅시다.

친구의 별명:	
좋아했다	싫어했다
왜냐하면,	왜냐하면,

📁 본론 적어 보기

본론: 글쓴이의 주장에 대한 적절한 근거를 제시합니다.

〈본론에 들어갈 내용 생각하기〉

별명 부르는 것에
찬성하는
세 가지 이유

1. 더 친해질 수 있다.

2.

3.

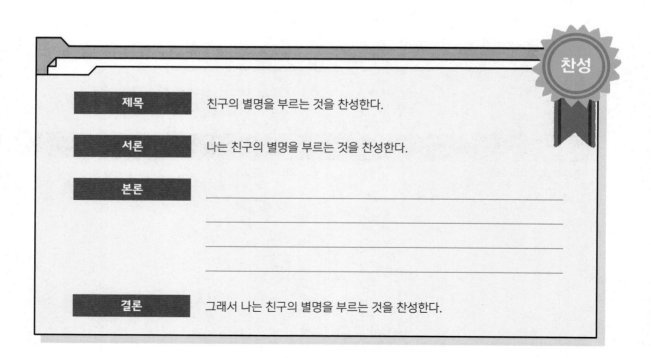

찬성

제목	친구의 별명을 부르는 것을 찬성한다.
서론	나는 친구의 별명을 부르는 것을 찬성한다.
본론	_____ _____ _____ _____
결론	그래서 나는 친구의 별명을 부르는 것을 찬성한다.

〈본론에 들어갈 내용 생각하기〉

```
              ┌─────────────────────────────────┐
              │ 1. 기분이 나빠질 수 있다.        │
              └─────────────────────────────────┘

  별명 부르는 것에
    반대하는        ┌─────────────────────────────────┐
   세 가지 이유      │ 2.                              │
              └─────────────────────────────────┘

              ┌─────────────────────────────────┐
              │ 3.                              │
              └─────────────────────────────────┘
```

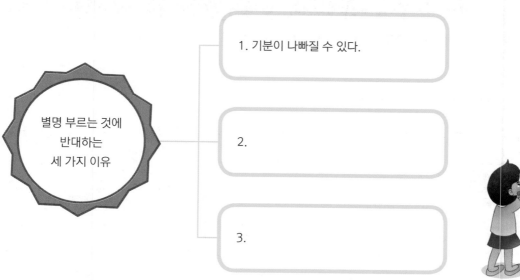

제목	친구의 별명을 부르는 것에 반대한다.
서론	나는 친구의 별명을 부르는 것을 반대한다.
본론	＿＿＿＿＿＿＿＿＿＿＿＿＿＿＿＿＿＿ ＿＿＿＿＿＿＿＿＿＿＿＿＿＿＿＿＿＿ ＿＿＿＿＿＿＿＿＿＿＿＿＿＿＿＿＿＿ ＿＿＿＿＿＿＿＿＿＿＿＿＿＿＿＿＿＿
결론	그래서 나는 친구의 별명을 부르는 것을 반대한다.

반대

20차시

3단계 **4단원** 주장 글쓰기

댐을 건설해야 할까요?

📖 **학습 목표** • 주장 글을 서론, 본론, 결론의 형식에 맞춰 전체적인 글을 써 볼 수 있다.

📁 댐 건설 찬성과 반대 골라 적어 보기

● 다음 사다리를 타고 내려가 댐 건설에 찬성인 이유인지 반대인 이유인지 찾아서 적어 봅시다.

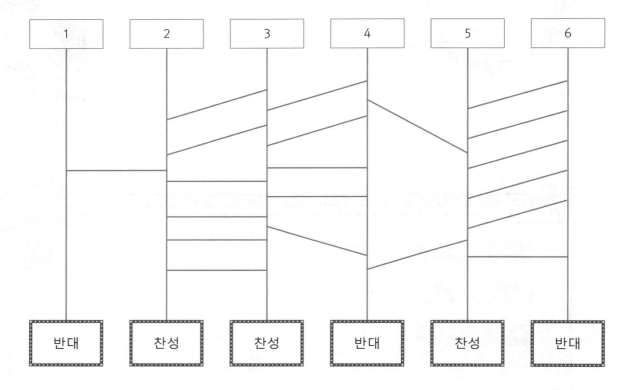

번호	이유	찬성 / 반대
1	폭우로 생기는 문제를 막을 수 있다.	찬성
2	물을 저장할 수 있다.	
3	숲에 사는 동물들이 살 곳을 잃는다.	
4	마을 주민들이 살 곳을 잃는다.	
5	홍수로 인한 피해를 막을 수 있다.	
6	강의 물고기들을 보호하기 어렵다.	

📁 댐 건설 찬성 글 적기

● 댐을 건설하는 것을 찬성하나요? 아니면 반대하나요? 찬성의 의견을 생각해 글을 적어 봅시다.

〈본론에 들어갈 내용 생각하기〉

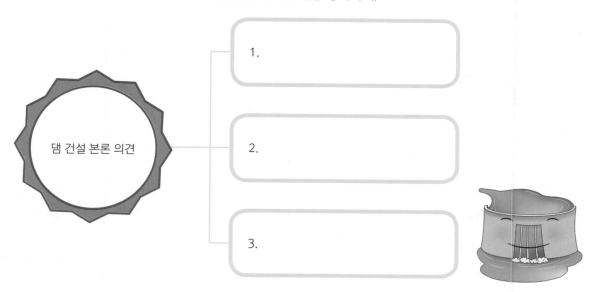

댐 건설 본론 의견

1.

2.

3.

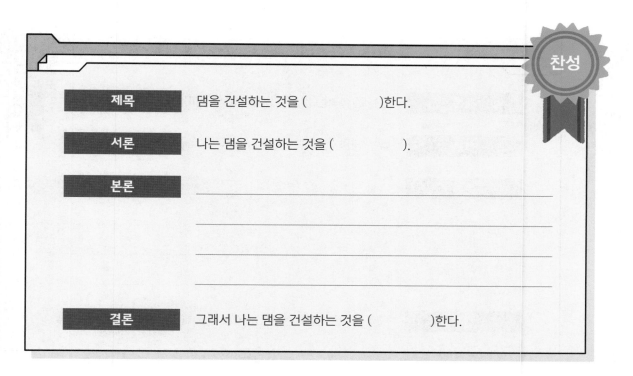

찬성

제목	댐을 건설하는 것을 ( )한다.
서론	나는 댐을 건설하는 것을 ( ).
본론	_____
	_____
	_____
	_____
결론	그래서 나는 댐을 건설하는 것을 ( )한다.

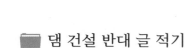

📁 댐 건설 반대 글 적기

● 댐을 건설하는 것을 찬성하나요? 아니면 반대하나요? 반대의 의견을 생각해서 글을 적어 봅시다.

〈본론에 들어갈 내용 생각하기〉

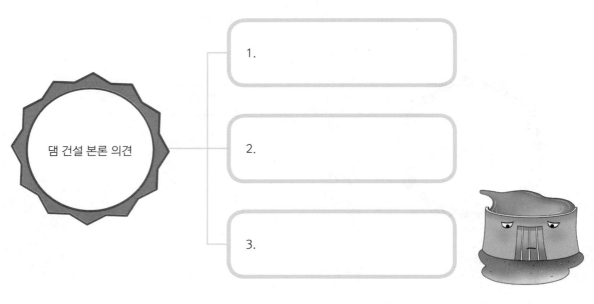

댐 건설 본론 의견

1.

2.

3.

반대

제목	댐을 건설하는 것을 ( )한다.
서론	나는 댐을 건설하는 것을 ( ).
본론	_____
	_____
	_____
	_____
결론	그래서 나는 댐을 건설하는 것을 ( )한다.

정답지

1단계

1차시 p. 20

⭐ 똑같은 모음 찾아보기

ㅓ, ㅣ, ㅏ

⭐ 단어 따라 쓰기

● 모음 ㅏ

ㅏ, 나, 나라

ㅏ, 가, 국가

ㅏ, 다, 다리

● 모음 ㅓ

ㅓ, 거, 거위

ㅓ, 어, 어묵

ㅓ, 버, 버섯

ㅓ, 터, 터키

● 모음 ㅣ

ㅣ, 기, 기린

ㅣ, 비

ㅣ, 미, 호미

ㅣ, 미, 미술

⭐ 받아쓰기

1) 가위

2) 나라

3) 국가

4) 다리

5) 거위

6) 어묵

7) 버섯

8) 기린

9) 비

10) 호미

⭐ 알맞은 단어 쓰기

1) 가위

2) 다리

3) 거위

4) 버섯

5) 기린

6) 비

2차시 p. 25

⭐ 똑같은 모음 찾아보기

ㅗ, ㅜ, ㅡ

⭐ 단어 따라 쓰기

● 모음 ㅗ

ㅗ, 오, 오리

ㅗ, 보, 보물

ㅗ, 고, 고구마

● 모음 ㅜ

ㅜ, 우, 우리

ㅜ, 부, 부리

ㅜ, 우, 우엉

ㅜ, 무, 무지개

● 모음 ㅡ

ㅡ, 그, 그네

ㅡ, 느, 느림보

ㅡ, 그, 그림

ㅡ, 그, 그림자

⭐ 받아쓰기

1) 오이

2) 오리

3) 보물

4) 고구마

5) 우리

6) 부리

7) 우엉

8) 무지개

9) 그네

10) 그림

⭐ 알맞은 단어 쓰기

1) 오이

2) 우리

3) 노을

4) 도구

5) 부리

6) 그네

3차시 p. 30

⭐ 똑같은 자음 찾아보기

ㄴ, ㄷ, ㄹ

⭐ 단어 따라 쓰기

● 자음 ㄱ

ㄱ, 구, 구이

ㄱ, 고, 고무

ㄱ, 가, 가위

● 자음 ㄴ

ㄴ, 나, 나라

ㄴ, 나, 나비

ㄴ, 누, 누나

ㄴ, 누, 비누

● 자음 ㄷ

ㄷ, 다, 다리

ㄷ, 도, 도구

ㄷ, 다, 다과

ㄷ, 두, 자두

● 자음 ㄹ

ㄹ, 리, 머리

ㄹ, 리, 자리

ㄹ, 리, 유리

ㄹ, 라, 나라

⭐ 받아쓰기

1) 가지

2) 구이

3) 가위

4) 누나

5) 나라

6) 나비

7) 다리

8) 도구

9) 유리

10) 자리

⭐ 알맞은 단어 쓰기

1) 가지

2) 나라

3) 자두

4) 유리

5) 가위

6) 나비

4차시 p. 35

⭐ 똑같은 자음 찾아보기

ㅁ, ㅂ, ㅅ, ㅇ

⭐ 단어 따라 쓰기

● 자음 ㅁ

ㅁ, 마, 마루

ㅁ, 마, 하마

ㅁ, 무, 나무

ㅁ, 미, 호미

- 자음 ㅂ
  - ㅂ, 비, 비서
  - ㅂ, 버, 버스
  - ㅂ, 바, 바나나
  - ㅂ, 보, 보리
- 자음 ㅅ
  - ㅅ, 시, 무시
  - ㅅ, 시, 시기
  - ㅅ, 스, 스키
  - ㅅ, 수, 누수
- 자음 ㅇ
  - ㅇ, ㅇ, 우유
  - ㅇ, 위, 바위
  - ㅇ, 유, 유리
  - ㅇ, 아, 아기

★★ 받아쓰기

1) 마루
2) 하마
3) 비서
4) 버스
5) 무시
6) 시기
7) 누수
8) 우유
9) 바위
10) 아기

★★ 알맞은 단어 쓰기

1) 나무
2) 보리
3) 시기
4) 바위
5) 호미
6) 아기

5차시 p. 40

★★ 똑같은 자음 찾아보기

ㅈ, ㅊ, ㅋ, ㅈ

★★ 단어 따라 쓰기

- 자음 ㅈ
  - ㅈ, 주, 주차
  - ㅈ, 자, 자리
  - ㅈ, 지, 바지
  - ㅈ, 지, 가지
- 자음 ㅊ
  - ㅊ, 차, 기차
  - ㅊ, 차, 마차
  - ㅊ, 치, 고치
  - ㅊ, 차, 차로
- 자음 ㅋ
  - ㅋ, 카, 카드
  - ㅋ, ㅋ, 쿠키
  - ㅋ, 키, 스키
  - ㅋ, 키, 키위

★★ 받아쓰기

1) 주차
2) 바지
3) 가지
4) 기차
5) 마차
6) 차로
7) 카드
8) 쿠키
9) 스키
10) 키위

★★ 알맞은 단어 쓰기

1) 주차

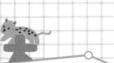

2) 고치

3) 카드

4) 자루

5) 바지

6) 차로

6차시 p. 45

⭐ 똑같은 자음 찾아보기

ㅌ, ㅍ, ㅎ, ㅎ

⭐ 단어 따라 쓰기

● 자음 ㅌ

ㅌ, 토, 토끼

ㅌ, 투, 투구

ㅌ, 터, 터키

ㅌ, 타, 타자

● 자음 ㅍ

ㅍ, 표, 표기

ㅍ, 표, 차표

ㅍ, 피, 피리

ㅍ, 파, 파리

● 자음 ㅎ

ㅎ, 호, 호미

ㅎ, 후, 후추

ㅎ, 하, 하나

ㅎ, 하, 하키

⭐ 받아쓰기

1) 토끼

2) 투구

3) 타자

4) 표기

5) 차표

6) 피리

7) 호미

8) 후추

9) 하나

10) 하키

⭐ 알맞은 단어 쓰기

1) 토끼

2) 피리

3) 허리

4) 후추

5) 타자

6) 차표

7차시 p. 50

⭐ 똑같은 쌍자음 찾아보기

ㄲ, ㄸ, ㅃ, ㅆ

⭐ 단어 따라 쓰기

● 쌍자음 ㄲ

ㄲ, 꾸, 꾸러기

ㄲ, 끼, 토끼

ㄲ, 끼, 코끼리

ㄲ, 꾸, 자꾸

● 쌍자음 ㄸ

ㄸ, 뛰, 뛰기

ㄸ, 따, 따기

ㄸ, 뛰, 널뛰기

ㄸ, 따, 따오기

● 쌍자음 ㅃ

ㅃ, 빠, 빠르기

ㅃ, 쁘, 나쁘다

ㅃ, 뿔

ㅃ, 뽀, 뽀얗다

● 쌍자음 ㅆ

ㅆ, 쓰, 쓰기

ㅆ, 싸, 싸움

ㅆ, 씨, 씨름

ㅆ, 쓰, 쓰레기

⭐ 받아쓰기

1) 꾸러기

2) 코끼리

3) 자꾸

4) 뛰기

5) 따기

6) 널뛰기

7) 빠르기

8) 나쁘다

9) 쓰기

10) 싸움

⭐ 알맞은 단어 쓰기

1) 코끼리

2) 뛰기

3) 뿔

4) 쓰기

5) 꾸러기

6) 싸움

8차시 p. 55

⭐ 똑같은 모음 찾아보기

ㅕ, ㅛ, ㅠ

⭐ 단어 따라 쓰기

● 모음 ㅑ

ㅑ, 야, 야채

ㅑ, 야, 야구

ㅑ, 샤, 샤워

ㅑ, 야, 양

● 모음 ㅕ

ㅕ, 여, 여기

ㅕ, 여, 여우

ㅕ, 겨, 겨자

ㅕ, 옆, 옆길

● 모음 ㅛ

ㅛ, 요, 요정

ㅛ, 교, 학교

ㅛ, 효, 효녀

ㅛ, 용

● 모음 ㅠ

ㅠ, 유, 유리

ㅠ, 유, 우유

ㅠ, 휴, 휴지

ㅠ, 귤

⭐ 받아쓰기

1) 여기

2) 겨자

3) 옆길

4) 야채

5) 야구

6) 샤워

7) 요정

8) 학교

9) 휴지

10) 귤

⭐ 알맞은 단어 쓰기

1) 야채

2) 여자

3) 용

4) 학교

5) 우유

6) 귤

9차시 p. 60

⭐ 똑같은 모음 찾아보기

ㅟ, ㅘ, ㅝ

⭐ 단어 따라 쓰기

● 모음 ㅢ

ㅢ, 의, 의자

ㅢ, 의, 의사

ㅢ, 늬, 무늬

ㅢ, 흰, 흰옷

● 모음 ㅟ

ㅟ, 퀴, 바퀴

ㅟ, 위, 가위

ㅟ, 튀, 튀김

ㅟ, 취, 취미

● 모음 ㅘ

ㅘ, 과, 과자

ㅘ, 화, 화가

ㅘ, 과, 과일

ㅘ, 과, 사과

● 모음 ㅝ

ㅝ, 권

ㅝ, 권, 태권

ㅝ, 원, 원장

ㅝ, 원, 병원

⭐ 받아쓰기

1) 의자

2) 의사

3) 무늬

4) 바퀴

5) 가위

6) 튀김

7) 과자

8) 화가

9) 권

10) 병원

⭐ 알맞은 단어 쓰기

1) 의자

2) 의사

3) 가위

4) 취미

5) 동화책

6) 병원

10차시 p. 65

⭐ 똑같은 모음 찾아보기

ㅔ, ㅐ, ㅖ

⭐ 단어 따라 쓰기

● 모음 ㅐ

ㅐ, 개, 개미

ㅐ, 새, 새우

ㅐ, 태, 태극기

ㅐ, 태, 태양

● 모음 ㅔ

ㅔ, 세, 세모

ㅔ, 베, 베개

ㅔ, 테, 테니스

ㅔ, 제, 제거

● 모음 ㅒ

ㅒ, 얘, 얘기

ㅒ, 얘, 얘기꾼

ㅒ, 얘, 얘기책

ㅒ, 얘

● 모음 ㅖ

ㅖ, 계, 계란

ㅖ, 계, 시계

ㅖ, 계, 계절

ㅖ, 계, 체중계

⭐⭐ 받아쓰기

1) 개미

2) 새우

3) 태양

4) 세모

5) 베개

6) 테니스

7) 얘기

8) 계란

9) 시계

10) 계절

⭐⭐ 알맞은 단어 쓰기

1) 태양

2) 가게

3) 시계

4) 베개

5) 계란

6) 개미

11차시 p. 70

⭐⭐ 똑같은 모음 찾아보기

ㅙ, ㅞ

⭐⭐ 단어 따라 쓰기

● 모음 ㅚ

ㅚ, 외, 참외

ㅚ, 괴, 괴물

ㅚ, 회, 교회

ㅚ, 쇠, 쇠고기

● 모음 ㅙ

ㅙ, 돼, 돼지

ㅙ, 쾌, 상쾌

ㅙ, 쇄, 인쇄

ㅙ, 햇, 횃불

● 모음 ㅞ

ㅞ, 웨

ㅞ, 웨, 스웨터

ㅞ, 꿰, 꿰매다

ㅞ, 훼손, 훼손

⭐⭐ 받아쓰기

1) 참외

2) 스웨터

3) 돼지

4) 상쾌

5) 교회

6) 꿰매다

7) 인쇄

8) 괴물

9) 훼손

10) 쇠고기

⭐⭐ 알맞은 단어 쓰기

1) 참외

2) 교회

3) 돼지

4) 인쇄

5) 웨딩

6) 스웨터

12차시 p. 75

⭐⭐ 똑같은 받침(자음) 찾아보기

ㅇ, ㄱ, ㅁ, ㅂ

⭐⭐ 단어 따라 쓰기

● 받침 ㅇ

ㅇ, ㅏㅇ, 강

ㅇ, ㅘㅇ, 왕

ㅇ, ㅎㅇ, 공책

ㅇ, ㅎㅇ, 동전

● 받침 ㄱ

ㄱ, ㅜㄱ, 죽

ㄱ, ㅜㄱ, 국

ㄱ, ㅏㄱ, 박수

ㄱ, ㅣㄱ, 식구

● 받침 ㅁ

ㅁ, ㅗㅁ, 몸

ㅁ, ㅜㅁ, 춤

ㅁ, ㅡㅁ, 사슴

ㅁ, ㅜㅁ, 하품

● 받침 ㅂ

ㅂ, ㅏㅂ, 밥

ㅂ, ㅣㅂ, 입

ㅂ, ㅏㅂ, 합창

ㅂ, ㅏㅂ, 대답

★ 받아쓰기

1) 박수

2) 하품

3) 대답

4) 밥

5) 춤

6) 사슴

7) 하품

8) 강

9) 공책

10) 입

★ 알맞은 단어 쓰기

1) 공책

2) 대답

3) 동전

4) 하품

5) 국

6) 사슴

13차시 p. 80

★★ 똑같은 받침(자음) 찾아보기

ㅇ, ㄱ, ㅁ, ㅂ

★★ 단어 따라 쓰기

● 받침 ㅇ

ㅇ, ㅏㅇ, 호랑이

ㅇ, ㅎㅇ, 자동차

ㅇ, ㅎㅇ, 송아지

ㅇ, ㅎㅇ, 공놀이

● 받침 ㄱ

ㄱ, ㅗㄱ, 목소리

ㄱ, ㅐㄱ, 백화점

ㄱ, ㅐㄱ, 책꽂이

ㄱ, ㅏㄱ, 박물관

● 받침 ㅁ

ㅁ, ㅏㅁ, 다람쥐

ㅁ, ㅗㅁ, 솜사탕

ㅁ, ㅏㅁ, 나침반

ㅁ, ㅓㅁ, 컴퓨터

● 받침 ㅂ

ㅂ, ㅣㅂ, 십자가

ㅂ, ㅏㅂ, 비빔밥

ㅂ, ㅣㅂ, 집안일

ㅂ, ㅓㅂ, 겁쟁이

★★ 받아쓰기

1) 자동차

2) 솜사탕

3) 겁쟁이

4) 책꽂이

5) 비빔밥
6) 송아지
7) 다람쥐
8) 나침반
9) 박물관
10) 목소리

⭐ 알맞은 단어 쓰기

1) 자동차
2) 책꽂이
3) 솜사탕
4) 겁쟁이
5) 송아지
6) 비빔밥

14차시 p. 85

⭐ 똑같은 받침(자음) 찾아보기

ㄴ, ㄷ, ㄹ

⭐ 단어 따라 쓰기

● 받침 ㄴ
　ㄴ, 산, 산
　ㄴ, 인, 인사
　ㄴ, 단, 계단
　ㄴ, 연, 연필
● 받침 ㄷ
　ㄷ, 돋, 해돋이
　ㄷ, 받, 받침
　ㄷ, 돋, 돋보기
　ㄷ, 숟, 숟가락
● 받침 ㄹ
　ㄹ, 필, 필통
　ㄹ, 돌, 돌고래
　ㄹ, 밀, 밀가루

ㄹ, 굴, 코뿔소

⭐ 받아쓰기

1) 해돋이
2) 받침
3) 필통
4) 연필
5) 계단
6) 숟가락
7) 돋보기
8) 산
9) 인사
10) 돌고래

⭐ 알맞은 단어 쓰기

1) 인사
2) 돋보기
3) 필통
4) 돌고래
5) 계단
6) 숟가락

15차시 p. 90

⭐ 똑같은 받침(자음) 찾아보기

ㄴ, ㄷ, ㄹ

⭐ 단어 따라 쓰기

● 받침 ㄴ
　ㄴ, 단, 단어
　ㄴ, 눈, 눈사람
　ㄴ, 운, 운동화
　ㄴ, 손, 손가락
● 받침 ㄷ
　ㄷ, 받, 받아쓰기
　ㄷ, 받, 받다

정답지 **273**

ㄷ, ㄷㄹ, 디귿

ㄷ, ㄷㄴ, 얻다

● 받침 ㄹ

ㄹ, ㄹㅗ, 바이올린

ㄹ, ㄹㅕ, 별자리

ㄹ, ㄹㅜ, 불가사리

ㄹ, ㄹㅡ, 얼음물

⭐ 받아쓰기

1) 눈사람

2) 받아쓰기

3) 얼음물

4) 바이올린

5) 단어

6) 얻다

7) 별자리

8) 운동화

9) 불가사리

10) 손가락

⭐ 알맞은 단어 쓰기

1) 단어

2) 얼음물

3) 바이올린

4) 받아쓰기

5) 디귿

6) 눈사람

16차시 p. 95

⭐ 끝소리 규칙 ㄱ가족 찾기

부엌, 떡볶이, 볶음밥, 기억, 밖, 새벽녘, 낚시
7개

⭐ 단어 따라 쓰기

ㅋ, ㅋㅓ, 부엌

ㄲ, ㄲㅗ, 볶음밥

ㄲ, ㄲㅠ, 떡볶이

ㄱ, ㄱㅓ, 기억

ㄲ, ㄲㅠ, 밖

ㄱ, ㄱㅓ, 미역

ㅋ, ㅋㅕ, 새벽녘

ㄲ, ㄲㅠ, 낚시

⭐ 받아쓰기

1) 부엌

2) 볶음밥

3) 떡볶이

4) 낚시

5) 기억

6) 보너스 점수

7) 밖

8) 보너스 점수

9) 미역

10) 새벽녘

⭐ 알맞은 단어 쓰기

1) 떡볶이

2) 부엌

3) 기억

4) 볶음밥

5) 미역국

6) 낚시

17차시 p. 99

⭐ 끝소리 규칙 ㅂ가족 찾기

무릎, 입학, 밥, 짚신, 앞, 갑옷, 눕다, 숲
8개

★ 단어 따라 쓰기

ㅂ, 납, 갑옷

ㅂ, 닙, 입학

ㅂ, 밥, 밥

ㅂ, 눕, 눕다

ㅍ, 퐆, 앞

ㅍ, 픞, 무릎

ㅍ, 픞, 짚신

ㅍ, 픞, 숲

★ 받아쓰기

1) 숲

2) 앞

3) 보너스 점수

4) 입학

5) 보너스 점수

6) 갑옷

7) 눕다

8) 짚신

9) 무릎

10) 밥

★ 알맞은 단어 쓰기

1) 무릎

2) 입학

3) 밥

4) 숲

5) 앞

6) 짚신

18차시 p. 103

★ 끝소리규칙 ㄷ가족 찾기

빛, 끝, 햇살, 씻다, 덧셈, 닫다, 파랗다, 갔다, 찾다, 하양

다, 붙다, 쫓다

12개

★ 단어 따라 쓰기

ㄷ, 닫, 닫다

ㅅ, 햇, 햇살

ㅅ, 덧, 덧셈

ㅅ, 싯, 씻다

ㅆ, 갔, 갔다

ㅈ, 짖, 짖다

ㅈ, 찾, 찾다

ㅊ, 쫓, 쫓다

ㅊ, 빛, 빛

ㅌ, 끝, 끝

ㅌ, 붙, 붙다

ㅎ, 햐, 하양다

★ 받아쓰기

1) 빛

2) 붙다

3) 하양다

4) 덧셈

5) 씻다

6) 닫다

7) 찾다

8) 끝

9) 붙다

10) 짖다

★ 알맞은 단어 쓰기

1) 햇살

2) 덧셈

3) 쫓아

4) 짖는다

5) 찾다

6) 셋자

19차시 p. 108

⭐⭐ 사다리타기

떡볶이 – 5) ㄲ / 닦다 – 2) ㄲ

있다 – 6) ㅆ / 몫 – 1) ㄳ

화났다 – 3) ㅆ / 많다 – 4) ㄶ

⭐⭐ 단어 따라 쓰기

ㄲ, ㅠ, 떡볶이

ㄲ, ㅠ, 볶음밥

ㄲ, ㅟ, 닦다

ㅆ, ㅆ, 있다

ㅆ, ㅆ, 화났다

ㅆ, ㅕ, 틀렸다

ㄳ, ㅠ, 몫

ㄵ, ㅑ, 앉다

ㄶ, ㅑ, 괜찮다

ㄶ, ㅑ, 많다

ㄶ, ㅠ, 끊다

ㅄ, ㅏ, 값

⭐⭐ 받아쓰기

1) 화났다

2) 많다

3) 괜찮다

4) 있다

5) 값

6) 떡볶이

7) 끊다

8) 닦다

9) 틀렸다

10) 몫

⭐⭐ 알맞은 단어 쓰기

1) 떡볶이

2) 볶음밥

3) 있다

4) 화났다

5) 많다

6) 값

20차시 p. 113

⭐⭐ 사다리타기

닭 – 5) ㄺ / 삶 – 2) ㄻ

짧다 – 6) ㄼ / 싫다 – 1) ㅀ

잃다 – 3) ㅀ / 흙 – 4) ㄺ

⭐⭐ 단어 따라 쓰기

ㄺ, ㄺ, 흙

ㄺ, ㅣ, 읽다

ㄺ, ㅏ, 밝다

ㄺ, ㅏ, 닭

ㄻ, ㅏ, 삶

ㄻ, ㅕ, 젊다

ㄼ, ㅕ, 여덟

ㄼ, ㅏ, 밟다

ㄼ, ㅏ, 짧다

ㄾ, ㅏ, 핥다

ㅀ, ㅣ, 잃다

ㅀ, ㅣ, 싫다

⭐⭐ 받아쓰기

1) 짧다

2) 삶

3) 잃다

4) 여덟

5) 흙

6) 닭

7) 젊다

8) 핥다

9) 싫다

10) 밝다

★ 알맞은 단어 쓰기

1) 흙

2) 닭

3) 젊다

4) 여덟

5) 짧다

6) 싫다

2단계

1차시 p. 128

★ 활동 1

1) 떡볶이

2) 볼이

3) 아침이

4) 부엌에서

5) 밥이

6) 덮어

7) 짚었다

8) 숲에서

★ 활동 2

1) ㅁ, 이, 미, 아침이

2) ㅂ, 이, 비, 밥이

3) ㅍ, 어, 퍼, 짚었다

4) ㅍ, 에, 페, 숲에서

★ 활동 3

1) 볼이

2) 떡볶이

3) 아침이

4) 부엌에서

5) 덮어

6) 밥을

7) 숲에서

8) 짚었다

2차시 p. 131

★ 활동 1

1) 깎았다

2) 얹었다

3) 닭이

4) 까닭으로

5) 삶을

6) 넋이

7) 몫을

8) 흙이

★ 활동 2

1) 떡볶이

2) 볼이 차가워진다.

3) 양손으로 뜀틀을 힘껏 짚었다.

4) 꽃을 꺾는다.

5) 까닭을 모르겠다.

6) 부엌에서 아침을 차렸다.

7) 내 몫을 다 해내는 것은 중요하다.

8) 닭도 흙을 먹는다.

활동 3

5번

3차시 p. 134

활동 1

1) 앞산
2) 학교
3) 국밥
4) 입다
5) 있다
6) 강가
7) 등불
8) 신다

활동 2

1) ㅍ, 사, 싸, 앞산
2) ㅂ, 다, 따, 입다
3) ㅇ, 가, 까, 강가
4) ㄴ, 다, 따, 신다

활동 3

1) 학교
2) 앞산
3) 입다
4) 국밥
5) 있다
6) 강가
7) 신다
8) 등불

4차시 p. 137

활동 1

1) 단점

2) 감다
3) 할 것을
4) 할수록
5) 갈 데가
6) 갈 곳
7) 봄바람
8) 개수

활동 2

1) 앞산 너머 학교
2) 국밥을 먹고 있다.
3) 등불을 들고 강가를 걸었다.
4) 나의 단점
5) 생각보다 갈 데가 없다.
6) 개수를 세어 보자.
7) 고민을 하면 할수록 더할 수밖에 없다.
8) 봄바람에 덮개가 날아가 버렸다.

활동 3

7번

5차시 p. 140

활동 1

1) 닳도록
2) 싫다고
3) 그렇게
4) 낳게
5) 땋고
6) 좋겠다
7) 빻고
8) 찧게

활동 2

1) ㅎ, 도, 토, 닳도록
2) ㅎ, 다, 타, 싫다고

3) ㅎ, 게, 케, 그렇게

4) ㅎ, 게, 케, 낳게

⭐★ 활동 3

1) 닳도록

2) 싫다고

3) 그렇게

4) 낳게

5) 땋고

6) 좋겠다

7) 빻고

8) 찧었습니다

6차시 p. 143

⭐★ 활동 1

1) 납작한

2) 흐뭇한

3) 향긋한

4) 비슷하게

5) 답답해

6) 습한

7) 축하

8) 얽힌

⭐★ 활동 2

1) 막혀서

2) 도착했다.

3) 비슷한

4) 생일을 진심으로 축하해.

5) 납작한 만두를 보니 배가 고프다.

6) 이곳에 얽힌 이야기를 들려주셨습니다.

7) 잎에 이슬이 맺혀 있습니다.

8) 향긋한 냄새를 맡고 흐뭇한 미소를 지었습니다.

⭐★ 활동 3

		①비			②이				⑤닳
		슷		①그	렇	게			도
②납	작	한			게		⑨싫	도	록
			③향		③낳	다			
		⑥나	긋	한				⑥닫	
	④흐	뭇	한					히	
		릿			⑦맺	히	다		
⑤습	한				혔				
		⑧도	착	했	다				
							⑩막	히	다

7차시 p. 146

⭐★ 활동 1

1) 낱말

2) 국물

3) 식물

4) 옛날

5) 닫는다

6) 낳는다

7) 섞는다

8) 깎는다

⭐★ 활동 2

1) ㅌ, ㅁ, ㄴ, 낱말

2) ㄱ, ㅁ, ㅇ, 식물

3) ㅎ, ㄴ, ㄴ, 낳는데

4) ㄲ, ㄴ, ㅇ, 깎는

⭐★ 활동 3

1) 낱말

2) 국물

3) 식물

4) 옛날

5) 닫는

6) 낳는데

7) 섞느라고

8) 깎는

8차시 p. 149

★ 활동 1

1) 몇 리

2) 육류

3) 음력

4) 압력

5) 협력

6) 보험료

7) 음료

8) 속력

★ 활동 2

1) 문을 닫는다.

2) 보험료를 내다.

3) 낱말 카드를 섞느라고.

4) 육류 음식을 먹고 음료를 마셨다.

5) 수도꼭지 물 압력이 세다.

6) 어머니께서 나를 낳는데 얼마나 힘드셨을까.

7) 식물 잎을 깎는다.

8) 협력해서 좀 더 속력을 내 보자.

★ 활동 3

	① 국				⑥ 섞		⑧ 몇	리
① 식	물		② 닫		느			
		② 낳	는	다	라		⑤ 육	
					고		류	
		③ 협		⑤ 옛	날			
	③ 음	력				⑥ 낱	말	
		④ 보						
		험				⑦ 속		
	④ 음	료			⑦ 압	력		

9차시 p. 152

★ 활동 1

1) 값

2) 몫

3) 않다

4) 앉다

5) 삶

6) 닭

7) 흙

8) 밟다

★ 활동 2

1) ㅅ, 으, 스, 값을

2) ㅁ, 으, 므, 삶을

3) ㄱ, 이, 기, 닭이

4) ㄱ, 이, 기, 흙이

★ 활동 3

1) 몫

2) 값을

3) 앉다

4) 않다

5) 닭이

6) 삶을

7) 밟다

8) 흙을

10차시 p. 155

✨★ 활동 1

1) 언짢은

2) 가엾게

3) 끓는

4) 끊기다

5) 굶다

6) 점잖다

7) 안 되잖니

8) 괜찮다

✨★ 활동 2

1) 값을 치르다.

2) 내 몫을 다하다.

3) 숙제를 하지 않다.

4) 시끄럽게 하면 안 되잖니.

5) 언짢은 일 때문에 점심을 굶다.

6) 닭을 넣은 기름이 끓는다.

7) 흙을 발로 밟다.

8) 점잖게 의자에 앉다.

✨★ 활동 3

● 올바르게 쓰인 글자

　언짢다, 않다, 끓는, 몫을, 굶다, 닭이, 삶이, 밟다

11차시 p. 158

✨★ 활동 1

1) 설날

2) 신라

3) 한라산

4) 난로

5) 원래

6) 진료

7) 본론

8) 신랑

✨★ 활동 2

1) ㄹ, 나, 라, 설날

2) ㄴ, ㄹ, ㄹ, 난로

3) ㄴ, ㄹ, ㄹ, 진료

4) ㄴ, ㄹ, ㄹ, 신랑

✨★ 활동 3

1) 설날

2) 신라

3) 한라산

4) 난로

5) 원래

6) 진료

7) 본론

8) 신랑

12차시 p. 161

✨★ 활동 1

1) 연료

2) 진로

3) 분리

4) 관람

5) 분류

6) 혼란

7) 줄넘기

8) 물난리

⭐⭐ 활동 2

1) 분리와 분류

2) 진로를 고민하다.

3) 연료가 다 떨어졌다.

4) 원래는 줄넘기를 잘했어요.

5) 물난리로 마음이 혼란스러웠다.

6) 설날에 신랑이 인사를 드렸다.

7) 날씨가 추워 난로를 틀었다.

8) 본론을 말하자면 한라산에 가자는 것이다.

⭐⭐ 활동 3

신라, 진로, 분류, 연료, 줄넘기, 관람, 한라산, 원래, 물난리

13차시 p. 164

⭐⭐ 활동 1

1) 좋은

2) 낳은

3) 놓으면

4) 쌓으니까

5) 잃은

6) 넣어

7) 쌓여

8) 빻은

⭐⭐ 활동 2

1) ㅎ, 으, 받침 ㅎ, 좋은

2) ㅎ, 으, 받침 ㅎ, 낳은

3) ㅎ, 으, 받침 ㅎ, 빻은

4) ㅎ, 어, 받침 ㅎ, 넣어

⭐⭐ 활동 3

1) 낳아

2) 좋은

3) 놓아도

4) 쌓아도

5) 넣은

6) 잃은

7) 빻아

8) 쌓인

14차시 p. 167

⭐⭐ 활동 1

1) 많이

2) 않는

3) 싫으니까

4) 않을래

5) 뚫어

6) 닳아

7) 낫는

8) 앓니

⭐⭐ 활동2

1) 좋은 날

2) 잘 빻은 곡식

3) 많이 넣어 주세요.

4) 싫으니까 먹지 않는다.

5) 싫지만은 않은 것 같아.

6) 시름시름 앓는 소리

7) 이것 좀 뚫어 주지 않을래?

8) 길을 잃은 아이를 도와주지 않을래?

⭐⭐ 활동 3

놓으니까, 좋은, 쌓여, 넣어, 뚫어, 낳은, 잃은, 않을래, 많이

15차시 p. 170

✯★ 활동 1

1) 맏이
2) 굳이
3) 해돋이
4) 닫히다
5) 묻히다
6) 같이
7) 붙이다
8) 쇠붙이

✯★ 활동 2

1) ㄷ, 이, 지, 맏이
2) ㄷ, 히, 치, 닫히다
3) ㅌ, 이, 치, 같이
4) ㅌ, 이, 치, 붙이다

✯★ 활동 3

1) 굳이
2) 맏이
3) 해돋이
4) 닫히다
5) 같이
6) 묻히다
7) 쇠붙이
8) 붙이다

16차시 p. 173

✯★ 활동 1

1) 갇혔다
2) 묻혔다
3) 닫혔다
4) 붙이다

5) 걷혀
6) 굳혀
7) 샅샅이
8) 젖혔다

✯★ 활동 2

1) 굳이
2) 나는 첫째여서 맏이이다.
3) 구름이 걷혀 해돋이를 잘 볼 수 있었다.
4) 쇠붙이를 같이 들어 줄래.
5) 종이를 칠판에 붙였다.
6) 문이 세게 닫혀서 하마터면 다칠 뻔했다.
7) 몸을 뒤로 크게 젖혔다.
8) 묻혀 있는 보물을 샅샅이 찾았다.

✯★ 활동 3

가	가	쳤	다	다	살	살
가	갇	혔	다	걷	살	사
쇠	첫	쳤	굳	혀	이	살
붙	다	이	다	쳐	살	살
이	맏	젖	닫	붙	여	걷
히	지	쳤	혔	쳤	쳐	혀
쇠	이	다	다	다	다	갇
구	부	가	치	해	치	이
지	굳	치	도	돗	돌	히
다	이	지	지	이	묻	이

17차시 p. 176

✯★ 활동 1

1) 담요
2) 식용유

3) 단풍잎

4) 태평양

5) 한여름

6) 알약

7) 올여름

8) 일일이

⭐ 활동 2

1) ㅁ, 요, 뇨, 담요

2) ㅇ, 유, 뉴, 식용유

3) ㄴ, 여, 녀, 한여름

4) ㄹ, 야, 랴, 알약

⭐ 활동 3

1) 담요

2) 식용유

3) 단풍잎

4) 태평양

5) 한여름

6) 알약

7) 올여름

8) 일일이

18차시 p. 179

⭐ 활동 1

1) 꽃잎

2) 나뭇잎

3) 떡잎

4) 색연필

5) 부엌일

6) 호박잎

7) 밭일

8) 허드렛일

⭐ 활동 2

1) 담요를 덮다.

2) 나뭇잎, 떡잎, 호박잎, 꽃잎

3) 한여름에 밭일을 하십니다.

4) 허드렛일을 하다.

5) 부엌일을 일일이 하다.

6) 알약 한 알을 삼켰다.

7) 색연필로 단풍잎을 그렸다.

8) 올여름에는 비행기를 타고 태평양에 갔다.

⭐ 활동 3

단	꽃	닢	떡	부	부	담
풍	잎	닙	담	요	억	뇨
닙	단	올	려	름	닐	일
태	풍	알	여	호	박	닙
평	잎	약	식	름	박	색
냥	태	용	용	색	연	잎
반	뉴	평	유	필	년	허
다	닐	다	양	나	드	필
허	드	렌	닐	렛	못	떡
밭	일	다	일	나	문	잎

19차시 p. 182

⭐ 활동 1

1) 바닷가

2) 기찻길

3) 맷돌

4) 전봇대

5) 햇볕

6) 빗소리

7) 숫자

8) 외갓집

⭐ 활동 2

1) ㅅ, 가, 까, 바닷가

2) ㅅ, 도, 또, 맷돌

3) ㅅ, 벼, 뼈, 햇볕

4) ㅅ, 대, 때, 전봇대

⭐ 활동 3

1) 바닷가

2) 기찻길

3) 맷돌

4) 전봇대

5) 햇볕

6) 빗소리

7) 숫자

8) 외갓집

20차시 p. 185

⭐ 활동 1

1) 옛날

2) 윗니

3) 아랫니

4) 훗날

5) 잇몸

6) 혼잣말

7) 냇물

8) 깻잎

⭐ 활동 2

1) 윗니와 아랫니

2) 햇볕이 뜨겁다.

3) 숫자를 세 보자.

4) 잇몸이 부었다.

5) 외갓집이 바닷가 근처에 있습니다.

6) 혼잣말을 하며 기찻길을 따라 걷습니다.

7) 옛날부터 맷돌을 갈아 두부를 만들었다.

8) 냇가에 냇물이 흐릅니다.

⭐ 활동 3

● 올바르게 쓰인 글자

맷돌, 바닷가, 훗날, 기찻길, 혼잣말, 숫자, 옛날, 빗소리

3단계

1차시 p. 196

⭐ 일기의 짜임

• 날짜와 요일: 일기는 나의 기록으로 정확한 날짜와 요일을 적습니다.

• 날씨: 오늘의 날씨가 어땠는지 적습니다.

• 제목: 일기의 주제를 쉽게 알 수 있습니다.

• 겪은 일: 오늘 하루 중 가장 기억에 남는 일을 적습니다.

• 생각과 느낌: 오늘 일어난 일에 대한 생각과 느낌을 솔직하고 자세하게 적습니다.

⭐ 일기에 어울리는 제목 써 보기

• 예: 신나는 가을 운동회

⭐ 일기에 쓸 내용: 생일 파티를 한 경험

• 누구와: 친구들과, 언제: 내 생일에, 어디서: 학교에서

• 가장 기억에 남는 일 1: 내가 갖고 싶었던 공책을 친구가 선물로 주었다.

• 그때의 생각/느낌: 내가 갖고 싶은 물건을 알고 선물해줘서 고마웠다.

• 가장 기억에 남는 일 2: 맛있는 케이크를 먹었다.

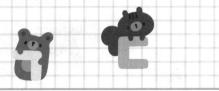

- 그때의 생각/느낌: 딸기가 올라간 케이크가 아주 예쁘고 맛있었다.

★★ 일기 쓰기(예): 수학 시험을 잘 본 일

- 누구: 내가, 언제: 오늘 수학 시간, 어디서: 반에서
- 오늘 가장 기억에 남는 일: 수학 시험을 잘 봐서 칭찬을 받은 일
- 생각이나 느낌: 앞으로도 열심히 공부해야겠다고 생각했다.

10월 2일 목요일 날씨: 바람이 조금 부는 날
제목: 수학 공부는 재미있어!
오늘은 선생님께서 어제 시험 본 수학 점수를 알려 주셨다. 어렵긴 했지만 열심히 공부해서 좋은 점수를 맞았다. 요즘에는 나눗셈을 배우는데 곱셈보다 어렵다. 나눗셈은 한 번 더 생각하고 꼼꼼하게 풀어야 한다. 그렇지만 몰랐던 내용을 알고 문제를 푸는 것은 신기하고 재미있기도 하다. 앞으로도 열심히 공부해야겠다.

2차시 p. 199

★★ 동시 이해하기

- 핸드폰 너는!(대상과 이야기하듯 표현하기)

핸드폰아,

너는 내 소중한 친구

언제나 옆에서 내게 재미난 일을 이야기해 주는 소중한 친구

나와 함께 놀러가자

사진 찍어 줘! 노래 틀어 줘! 문자를 보내 줘!

★★ 계절에 어울리는 동시 써 보기

봄
따뜻한 봄바람이 부는 봄에는 우리 함께 봄나들이 가요. <u>꽃들이 살랑살랑 춤을 추는 봄에는</u> 우리 함께 봄나들이 가요. <u>나비가 꽃을 향해 날아가는 봄에는</u> 우리 함께 봄나들이가요.

여름
매미가 맴맴 우는 여름에는 우리 함께 물놀이를 떠나요. <u>더운 여름날 물놀이 하러 해수욕장에 가요.</u> 우리 함께 물놀이를 떠나요. <u>시원한 수박 먹으러</u> 우리 함께 물놀이를 떠나요.
가을
낙엽이 울긋불긋 물이 드는 가을에는 우리 함께 가을소풍을 가요. <u>바스락 바스락 낙엽 밟고</u> 우리 함께 가을소풍을 가요. <u>단풍잎의 색깔은 알록달록</u> 우리 함께 가을소풍을 가요.
겨울
군고구마가 생각나는 겨울에는 우리 함께 눈싸움을 해요. <u>눈사람을 예쁘게 만들고</u> 우리 함께 눈싸움을 해요. <u>스케이트보드도 타고</u> 우리 함께 눈싸움을 해요.

★★ 1차시(일기 쓰기)와 함께

1. 오늘 초코파이를 먹었다.
2. 초코파이를 먹다가 너무 맛있어서 3개나 먹었다.
3. 너무 많이 먹어 후회는 되었지만 너무 맛있었다.

동시의 제목: 초코파이
하나를 먹으면 초콜릿과 마시멜로가 부드럽게 두 개를 먹으면 배는 무르지만 입안엔 초코가 사르르 세 개를 먹으면 다 까진 봉지를 보며 내가 다 먹었네

놀라지만	
그래도 맛있는 초코파이	

3차시 p. 202

★★ 여러 가지 마음 생각해 보기

- 〈고마움〉누구: 엄마께, 언제: 맛있는 식사를 차려 주실 때
- 〈미안함〉누구: 누나에게, 언제: 싸웠을 때
- 〈축하〉누구: 아빠, 언제: 생신에
- 〈위로〉누구: 친구에게, 언제: 다쳐서 입원해 있을 때

★★ 마음 표현하기

- 미안한 마음: 형에게 미안한 마음을 전하고 싶다.

일어났던 일: 형이 내 필통을 가져간 줄 알고 빨리 달라고 싸웠다. 그런데 형이 가져간 게 아니라 내가 학교에 놓고 온 것이었다.

그때의 생각이나 느낌: 미안했다.

(미안한) 마음을 표현하는 말: 형, 미안해. 앞으로 싸우지 말자.

★★ 형식에 맞춰 편지 쓰기

받는 사람	영준이에게
첫인사	안녕, 영준아? 나 은비야.
하고 싶은 말	네가 전학간 뒤로 네가 많이 보고 싶어. 우리 반에서 보드게임 할 때 진짜 재미있었는데… 이제 못하게 돼서 아쉬워. 나중에 만나면 꼭 보드게임도 하고, 맛있는 것도 먹으러 가자. 놀이동산에 가는 것도 좋을 것 같아. 우리 무서운 놀이기구 꼭 타자.
끝인사	그럼 잘 지내, 안녕
쓴 날짜	2018년 10월 2일
쓴 사람	은비가

★★ 2차시(동시 쓰기)와 함께

받는 사람	혜민이에게
첫인사	안녕 혜민아?

하고 싶은 말	넌 내 정말 소중한 친구야. 내가 널 위해서 너를 소개하는 동시를 지어 봤어. 마음에 들었으면 좋겠다.
동시	네가 참 좋아! 수학 문제를 잘 알려 주는 혜민이가 참 좋아! 앉고 싶은 자리여도 양보해 주던 혜민이가 참 좋아! 너한테 배울 점이 많아서 참 좋아. 너와 친구여서 나는 참 좋아.
끝인사	그럼 학교에서 보자. 안녕
쓴 날짜	2019년 2월 14일
쓴 사람	재영이가

4차시 p. 206

★★ 갖고 싶은 능력 상상하기

- 하늘을 나는 능력: 집에 가는 길에 다리가 아프면 날아서 편안하게 갈 수 있다.
- 시간을 되돌리는 능력: 후회하는 일이나 친구의 마음을 아프게 한 일이 있을 때 되돌릴 수 있다. / 재미있는 일을 계속 할 수 있다.
- 동물과 이야기하는 능력: 우리 집에 있는 고양이가 어떤 생각을 하는지 알 수 있다. / 아픈 동물이 있을 때 이야기해서 더 빨리 치료해 줄 수 있다.

★★ 상상한 내용 써 보기

- 제목: 내가 가진 세 가지 능력

내가 가지고 싶은 세 가지 능력은 하늘을 나는 능력, 시간을 되돌리는 능력, 동물과 이야기하는 능력이다. … 둘째, 시간을 되돌리는 능력을 가지고 싶다. 왜냐하면 후회하는 일이 있을 때 되돌릴 수 있기 때문이다. 또 재미있는 일을 반복해서 할 수 있다. 만약 내가 시간을 돌릴 수 있다면 후회하는 일이 있을 때로 돌아갈 것이다.

셋째, 동물과 이야기하는 능력이다. 왜냐하면 우리 집 고양이가 어떤 생각을 하는지 알 수 있기 때문이다. 그리고 아픈 동물들과 이야기해서 더 빨리 치료해 줄 수 있기 때문이다. 만약 내가 동물과 이야기할 수 있다면 동물과 친하게 지내면서 도와줄 것이다.

★★ 3차시(편지 쓰기)와 함께

- 받는 사람: 상상 속 동물 물불꽃둥이에게
- 첫인사: 안녕, 물불꽃둥이야!
- 상상 속 동물의 멋있는 점, 부러운 점 등 자유롭게 하고 싶은 말을 적어봅시다: 너는 정말 멋진 동물이야! 입에서는 물이 나와서 산불이 나면 금방 가서 불을 끄고, 꼬리에는 작은 불꽃이 있어서 불이 필요한 사람을 도와주지! 눈도 튀어나와 있어서 세상을 더 잘 보고 날 수도 있으니까 정말 부러워!
- 끝인사: 나중에 나를 만나게 된다면 태워 줘. 안녕!
- 쓴 날짜: 2019년 2월 4일
- 쓴 사람: 은지가

5차시 p. 209

★★ 기행문의 짜임

- 여정: 여행 과정이나 일정을 여행한 날짜와 시간, 여행한 장소 등에 맞춰서 차례대로 쓰는 것을 말합니다.
- 견문: 여행지에서 보고 들은 것을 말합니다.
- 감상: 여행을 통해 느낀 점이나 소감을 말합니다.
- 여정: 나는 제주도에 다녀왔다.
- 견문: 천지연 폭포를 보고 왔다.
- 감상: 제주도의 푸른 바다는 마음을 시원하게 하였다.

★★ 기행문에서 빠진 내용

- 감상

★★ 기행문 아이디어

- 내일은 경복궁에 가는 날이다. 한 번도 가 보지 않은 곳이어서 더욱 기대가 된다. 부모님과 함께 다녀올

예정이다. 경복궁은 조선시대에 왕들이 살던 궁궐이다. 형형색색의 화려한 그림들이 멋있을 것 같다. 외국인들도 많이 온다고 하던데 우리나라 문화유산에 대한 자부심이 생길 것 같다.

★★ 나의 여행에 대해서

- 언제 갔나요? 작년
- 누구와 함께 갔나요? 가족
- 가장 기억에 남는 일은? 비행기 탄 일
- 가장 기억에 남는 장소는? 테디베어 박물관
- 다녀와서 느낀 점은? 가족과 자주 다니고 싶다.
- 나는 작년 여름에 가족과 함께 제주도에 다녀왔다. 비행기를 처음 타 봤는데 신기하고 설레었다. 무엇보다 가족과 함께하는 여행이라 더욱 신이 났다. 제주도의 야자수와 푸른 바다는 외국에 나와 있는 느낌이 들었다. 가장 기억에 남는 장소는 테디베어 박물관이었다. 수많은 곰인형이 노래하고 춤을 추었다. 공주 테디베어부터 로봇 테디베어까지 너무 깜찍하고 귀여웠다. 다음에도 좋은 여행을 할 수 있었으면 좋겠다.

★★ 4차시(상상해서 쓰기)와 함께

- 언제 갔나요? 오늘
- 누구와 함께 갔나요? 동생과
- 가장 기억에 남는 일은? 아이스크림을 마음껏 먹을 수 있었던 일
- 가장 기억에 남는 장소는? 하늘을 날 수 있는 하늘공원
- 다녀와서 느낀 점은? 신기함
- 나는 오늘 마법사의 궁전에 다녀왔다. 마법사의 궁전에서는 내가 해 보지 못한 것들을 실제로 마음껏 해 볼 수 있었다. 나와 동생은 제일 좋아하는 간식인 아이스크림을 실컷 먹을 수 있었다. 마법사는 여기서는 생각하는 것이나 하고 싶은 것은 다 할 수 있다고 했다. 그래서 나는 하늘을 날아 보고 싶다고 했더니 마법사가 하늘공원으로 데려가서 내게 제일 재밌었던 일을 생각해 보라고 했다. 그러면 자유롭게 떠다닐 수 있다고 했다. 나는 정말로 날 수 있었다. 신기한 경

험이었다.

6차시 p. 213

★★ 이야기 읽어 보기

1) 별주부는 토끼 그림을 확인하고 물 위로 토끼를 데리러 갔다.
2) 토끼가 용왕님을 치료할 간을 밖에다 두고 왔다고 한다.
3) 토끼는 껑충껑충 숲으로 도망갔다.

- 용왕: 자신의 병만을 생각하는 이기적인 왕이다. / 병을 치료하고 싶은 마음이 절실하다.
- 토끼: 지혜롭게 위기를 모면하다니 대단하다.
- 별주부: 용왕에게 정말 헌신적이다. / 토끼를 대하는 태도가 밖에서와 용궁에서가 다르다.

7차시 p. 216

★★ 비 오는 날과 맑은 날 비교하기

- 비 오는 날: 어울리는 단어(빗방울, 우산, 우비)
- 비 오는 날의 특징: 하늘이 어둡다. 불편하다.
- 화창한 날: 어울리는 단어(선글라스, 양산, 모자)
- 화창한 날의 특징: 얼굴이 타기 쉽다. 산책 가기에 좋다.

★★ 마인드맵을 활용하여 글쓰기

- 비가 오는 날이었다. 아침에 엄마가 우산을 가져가라고 했는데 그만 깜박하고 놓고 왔다. 학교가 끝나고 나니 비가 더 많이 오기 시작했다. 집에 어떻게 가야 할지 막막했는데 멀리서 누가 걸어오고 있었다. 엄마가 우산을 챙겨서 나를 데리러 오셨다. 기분이 좋고 감사했다. 엄마와 돌아가는 길에 분식집에 들러서 라면과 김밥을 먹었다. 비가 오는 날 먹으니 라면이 더 맛있었다. 나는 원래 비가 오는 날 밖에서 놀지 못해서 좋아하지 않는데, 오늘은 비가 와서 좋은 것 같다.

8차시 p. 219

★★ 이를 건강하게

치아를 건강하게 유지하기 위해서는 어떻게 해야 할까?

- 치아를 건강하게 유지하기 위해서는 양치를 하루 세 번 식사 후에 바로 하고, 구석구석 꼼꼼히 닦아야 한다. 또, 치아에 좋지 않은 음식을 너무 자주 먹지 않아야 한다. 예를 들면, 초콜릿, 콜라, 사탕 등을 조금만 먹어야 한다. 그리고 치과에 규칙적으로 가서 검진을 받아야 한다. 치과에 가는 것은 무섭지만 자주 가지 않으면 충치가 더 많이 생길 수 있기 때문이다.

★★ 순서대로 적어 보기

- ① 엄마는 "요즘 양치를 안 하고 자더니 이가 썩은 모양이구나."라고 하셨다.
- ③ 그래서 오늘 오후에 엄마와 함께 치과에 다녀왔다.
- ② 치과에 가는 건 무서웠지만 참고 치료를 받았다.
- ④ 다행히 의사 선생님이 치료해 주신 후에는 이가 아프지 않았다.

9차시 p. 222

★★ 놀이동산에 간다면

- 내일은 놀이동산에 가는 날이다. 내가 좋아하는 솜사탕과 추로스를 먹을 수 있어서 너무 신난다. 나는 놀이기구 타는 것을 좋아하는데, 바이킹, 롤러코스터, 관람차 등을 탈 수 있기 때문에 기대된다. 특히 이번에는 아빠와 함께 가서 더 재미있을 것 같다. 아빠와 함께 놀이동산에 가는 것은 정말 오랜만이다. 예쁜 사진도 많이 찍고 좋은 추억도 많이 만들면서 재미있는 시간을 가족과 함께 보내고 오고 싶다.

★★ 좋아하는 놀이기구 이유 적기

- 회전목마: 내가 좋아하는 놀이기구는 회전목마이다. 왜냐하면 나는 놀이기구를 잘 못 타는데 무섭지 않기 때문이다.

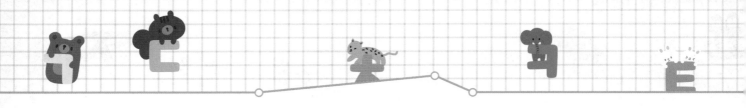

- 롤러코스터: 내가 좋아하는 놀이기구는 롤러코스터이다. 왜냐하면 짜릿하고 내려갈 때 너무 재미있기 때문이다.

10차시 `p. 225`

★ 방학 때 떠난 여행

- 누구와 함께 갔나요? 가족과
- 언제, 어디로 갔나요? 작년에, 경주로
- 무엇을 했나요? 맛있는 음식을 먹고, 첨성대를 구경했다.
- 어떤 느낌이 들었나요? 역사가 담긴 유적들을 볼 수 있어서 의미 깊었다.

★ 방학 때 하고 싶은 일 써 보기

방학을 한다면 하고 싶은 일이 있다.

가장 먼저 게임하는 시간을 늘리고 싶다. 학교에 다닐 때는 조금밖에 못하지만 엄마께 부탁해서 시간을 조금 늘리고 싶다. 내가 열심히 공부하면 엄마께서도 게임하는 시간을 조금 늘려 주실 것 같다.

두 번째로는 피아노 학원에 열심히 다녀야겠다. 부모님과 피아노 음악회를 다녀왔는데, 연주가 너무 좋았고, 나도 피아노를 잘 치고 싶었다. 앞으로 피아노도 열심히 해야겠다.

★ 재미있는 활동: 여름방학 VS 겨울방학

여름: 포도 따기, 해수욕장, 해바라기 축제 가기, 수박 먹기
겨울: 스키 타기, 얼음낚시, 썰매 타기, 눈사람 만들기

11차시 `p. 228`

★ 내가 전학을 간다면

- 오늘 새로운 학교로 전학을 갔다. 새로운 선생님, 친구들을 만난다고 하니 약간은 떨렸다. 자기소개를 하고 자리에 앉았다. 친구들이 어디서 왔냐고 물어보았고, 앞으로 잘 지내자고 하였다. 친구들은 화장실, 음악실, 체육관이 어디 있는지도 알려 주고, 시간표도 설명해 주었다. 앞으로 우리 반 친구들과 좋은 추억

을 만들 수 있을 것 같다.

★ 재미있는 활동

- 전학 오기 전 학교: 하늘초등학교
- 전학 온 학교: 바다초등학교
- 동호의 성격: 착하다
- 나의 성격: 재미있다

12차시 `p. 231`

★ 〈전략〉 모델학습

- (예) 글의 내용
  - 어떤 일을 했는지 잘 드러나는구나.
  - 너의 느낀 점이 뭔지 알 것 같아.
  - 정말 행복했구나.
- (예) 글의 길이
  - 적당히 네가 쓰고 싶은 내용을 다 썼구나.
  - 조금 더 설명이 있다면 네 느낌을 더 잘 이해할 수 있을 거 같아.

★ 나의 생일 파티

- 나는 생일이 되면 친구들을 우리 집에 초대해 생일 파티를 하고 싶다. 치킨, 피자, 케이크와 같이 맛있는 음식을 먹고 게임을 하면 정말 재밌을 것 같다. 나는 학교에서 보드게임 하는 걸 좋아하는데 집에서도 친구들과 같이 한다면 기억에 남는 생일이 될 것 같다. 생일 파티가 끝나고 엄마에게 감사하다고 말씀드리고 싶다. 엄마, 저를 낳아 주셔서 감사합니다!

★ 재미있는 활동

- 미역국

13차시 `p. 234`

★ 나열짜임으로 '나' 소개하기

- 나의 성격: 활발하다, 성실하다.

- 내가 좋아하는 것: 축구, 과자, 책
- 나의 외모: 보조개가 있다, 눈썹이 진하다, 얼굴이 하얗다.

★★ 재미있는 활동

★★ 나를 소개하는 글 써 보기

- 저의 성격은 활발합니다. 우리 반에서 가장 재미있는 아이입니다. 또 성실해서 숙제를 미리 합니다. 제가 좋아하는 건 축구, 과자 그리고 책 읽는 것입니다. 또 눈썹이 진하고, 보조개가 있고, 얼굴이 하얗습니다. 그래서 친구들은 제게 눈사람이라는 별명을 만들어 주었습니다.

★★ 현수를 소개하는 글 써 보기

- 제 친구 현수를 소개합니다. 첫째로, 키가 아주 큽니다. 비결을 물어봤는데 밥을 많이 먹고 규칙적으로 자는 것이 좋다고 말해 주었습니다. 둘째, 현수는 농구를 좋아하는데 실력이 정말 좋아서 농구게임을 하면 대부분 현수의 팀이 우승할 때가 많습니다. 마지막으로 현수는 활발한 친구입니다. 그리고 재미있어서 친구들이 많습니다.

14차시 p. 239

★★ 알맞은 단어 골라 보기

- 요리 시작 전에, 가장 먼저 할 일은 다음에, 그리고,

마지막으로

★★ 떡볶이에 들어갈 재료 골라 보기

- 파, 어묵, 간장, 물, 고추장, 떡 (6개)

★★ 알맞은 문장 적어 보기

- ② 세종대왕은 1397년에 태어났다. ③ 세종대왕이 1446년에 집현전 학자들과 함께 만든 훈민정음은 가장 훌륭한 문화유산으로 꼽히고 있다. ① 세종대왕은 1450년에 세상을 떠났다.

★★ 세종대왕의 업적 골라 보기

- 훈민정음, 독서와 공부하는 그림, 농사법에 관하여 (3개)

★★ 떡볶이 만드는 방법 직접 써 보기

- 떡볶이를 만드는 데 필요한 재료는 떡, 어묵, 물, 설탕, 고추장, 간장, 파가 있다.

15차시 p. 243

★★ 비교하여 설명하기

- 공통점: ④ 여럿이 한 팀, ⑥ 야외에서 경기
- 차이점: 축구-⑦ 전반전과 후반전으로 시간을 정하고 종료, 야구-⑤ 횟수를 정해서 경기를 진행하고 점수에 따라 종료, ③ 글러브, 야구방망이, 모자, 헬멧을 사용

★★ 소재 찾아 글쓰기

- 1번: ① 호수, ② 사랑, ③ 이불, 호랑이, 2번: ① 한강, ② 아버지-강아지
- 나는 동물 호랑이와 강아지를 비교했다.
  호랑이와 강아지는 모두 알에서 태어나지 않는다. 호랑이와 강아지는 네 발을 가지고 있다.
  호랑이는 대체로 집에서 키울 수 없지만 강아지는 집에서 자라는 경우가 많다. 호랑이는 몹시 사나워 무섭지만 강아지는 귀여운 종류들이 많다.

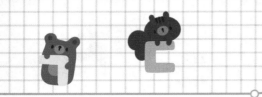

✪★ 비교와 대조해서 글쓰기

• 바나나와 사과의 공통점: 과일이다. 맛이 있다. 껍질이 있다. 나무에서 자란다.

• 바나나의 특징: 길다. 노랗다. 껍질을 손으로 벗겨 먹는다.

• 사과의 특징: 빨갛다. 동그랗다. 껍질을 칼로 깎아 먹는다. 씨가 있다.

• 나는 사과와 바나나를 비교했다.

사과와 바나나는 모두 맛있는 과일이다. 둘의 공통점은 나무에서 자라고 껍질이 있다는 것이다. 그렇지만 사과는 껍질을 칼로 깎고 바나나는 껍질을 손으로 벗긴다. 또 다른 차이점은 색깔과 모양이다. 사과는 빨갛고 동그랗지만 바나나는 길고 노랗다. 또 사과는 씨앗이 있지만 바나나는 없다.

16차시 p. 247

✪★ 글에 알맞은 예를 찾아서 넣기

고기: ① 돼지고기, ② 소고기, ③ 닭고기, ④ 양고기
생선: ① 고등어, ② 갈치, ③ 조기, ④ 멸치
야채: ① 양파, ② 오이, ③ 파, ④ 당근

✪★ 내가 좋아하는 음식 예를 들어 설명하기

• 내가 좋아하는 음식은 튀긴 음식이다.

예를 들면, 닭고기를 먹을 때 백숙보다는 치킨을 더 좋아한다. 돼지고기도 구워 먹는 것보다 탕수육이나 돈가스같이 기름에 튀긴 것을 더 좋아한다. 건강에 좋지 않다고 부모님이 자주 못 먹게 하셔서 더 맛있게 느껴진다.

✪★ 빙고 맞추고 글쓰기

빙고: 조끼, 와이셔츠, 치마, 바지, 코트 (2개)

• 내가 찾은 단어들의 공통점은 입을 수 있는 옷이다. 옷의 예에는 조끼, 와이셔츠, 치마, 바지, 코트가 있다. 이것을 통틀어서 부를 때는 옷이라고 할 수 있다. 치마도 좋아하는데 짧은 치마보다 긴 치마가 좋다.

싫어하는 옷 스타일은 와이셔츠에 조끼를 입는 것인데 답답해 보이고 안 예뻐서이다.

17차시 p. 250

✪★ 주장에 대한 이유 찾기

• 책을 읽어야 한다: 많은 지식을 쌓기 위해서이다. / 다양한 내용을 알 수 있다.

• 플라스틱을 재활용해야 한다: 환경오염을 막을 수 있다. / 쓰레기를 줄일 수 있다.

• 벽에 낙서를 하면 안 된다: 보기에 좋지 않다. / 지우기 어렵다.

18차시 p. 253

✪★ 글쓰기 전에

• 눈화장, 손톱 색깔, 입술 색깔

✪★ 화장에 대한 생각 적기

• 예쁘다. 피부에 좋지 않을 것 같다. 지우려면 시간이 많이 필요할 것 같다. 엄마한테 혼날 것 같다.

• 찬성 이유: 초등학생도 예뻐지고 싶은 마음이 있기 때문이다. / 화장에는 나이 제한이 없기 때문이다.

• 반대 이유: 초등학생의 피부에는 좋지 않을 것 같기 때문이다. / 외모에만 너무 집중할 것 같다.

✪★ 서론 적기

• 찬성: 초등학생이 화장을 하는 것을 찬성한다.

• 반대: 초등학생이 화장을 하는 것을 반대한다.

19차시 p. 256

✪★ 글쓰기 전에

동물 이름	별명	그렇게 생각한 이유
기린	키다리	목이 길어서 키가 매우 크기 때문이다.

악어	이빨부자	튼튼한 이빨을 많이 가지고 있기 때문이다.
개구리	폴짝이	높이 뛰어오르기 때문이다.
하마	첨벙이	진흙탕에서 첨벙대는 걸 좋아하기 때문이다.
거북이	느림이	걸음이 느리기 때문이다.
캥거루	사랑이	아기를 사랑해서 캥거루 주머니에 담고 다니기 때문이다.
얼룩말	패션스타	얼룩무늬가 멋있기 때문이다.
원숭이	귀염둥이	행동이 귀엽기 때문이다.
앵무새	따라쟁이	말을 잘 따라하기 때문이다.

★★ 별명 생각해 보기
- 조개탕, 마시멜로, 로봇, 아기사자 등

★★ 별명을 불렀을 때 친구들의 반응

친구의 별명: 아기사자	
(좋아했다.)	귀엽고 발랄하기 때문이다.

친구의 별명: 쿨쿨이	
(싫어했다.)	수업시간에 잘 졸아서 쿨쿨이라는 별명을 지어 줬는데 자신을 놀린다고 생각했기 때문이다.

★★ 본론 적어 보기
- 별명 부르는 것에 찬성하는 세 가지 이유: 더 친해질 수 있다. 쉽게 부를 수 있다. 친구의 특징을 살릴 수 있다.
- 본론: 친구의 별명을 부르는 것은 많은 좋은 점이 있다. 우선, 친구들과 재미있는 이름을 부르며 더 친해질 수 있다. 그리고 별명은 기억에도 많이 남아서 나중에 중학교에 들어가서도 쉽게 기억할 수 있을 것 같다. 또한 더 쉽게 부를 수 있기도 하다. 그리고 친구가 가진 장점이나 특징을 잘 살려서 별명을 불러 주면 친구를 더 잘 이해할 수 있다.
- 별명 부르는 것에 반대하는 세 가지 이유: 기분이 나빠질 수 있다. 친구에게 상처를 줄 수 있다. 친구의 자신감이 떨어질 수 있다.
- 본론: 친구의 별명을 부르는 것은 여러 가지 이유에서 안 좋은 점이 많다. 첫 번째로 듣는 사람의 기분이 나빠질 수 있다. 자신이 좋아하지 않는 별명을 부르면

기분이 나쁘고 듣기 싫을 수 있기 때문이다. 또한 그 별명으로 인해서 상처를 받고 혹시 안 좋은 별명을 붙여 줬을 때에는 더 기분이 안 좋을 수 있다. 나중에 커서도 그 별명을 생각하면 초등학교 때가 싫을 수도 있다. 그리고 자신이 그 별명과 같다고 생각하면 자신감이 떨어지고 학교에 오는 게 싫어질 수도 있다.

20차시 p. 260

1. 찬성, 2. 찬성, 3. 반대, 4. 반대, 5. 찬성, 6. 반대

★★ 댐 건설 찬성 글 적기
〈본론에 들어갈 내용 생각하기〉
1. 여름철 폭우로 인해 생기는 문제를 막을 수 있다.
2. 논과 밭이 빗물에 잠기지 않게 도울 수 있다.
3. 자연재해를 막을 수 있다.
저는 댐을 건설하는 것을 찬성합니다.
강에 댐을 건설하면 여름철에 폭우로 인해 생기는 문제를 막을 수 있습니다. 강물이 넘쳐 논과 밭이 빗물에 잠기지 않도록 도와줄 수 있습니다. 그리고 댐을 건설하면 집과 길이 부서지고, 사람이 목숨을 잃는 자연재해를 막을 수 있습니다.
그래서 저는 댐을 건설하는 것을 찬성합니다.

★★ 댐 건설 반대 글 적기
〈본론에 들어갈 내용 생각하기〉
1. 동물들이 살 곳을 잃는다.
2. 물이 오염된다.
3. 주민들이 고향을 떠나야 한다.
저는 댐을 건설하는 것을 반대합니다.
댐을 건설하면 숲에 살던 동물들이 살 곳을 잃게 되고, 물도 오염되서 물고기들에게도 피해가 갑니다. 그리고 마을 주민들은 고향을 떠나 새로운 곳으로 이사를 해야 합니다. 댐을 건설하면 이처럼 많은 문제가 일어나게 됩니다.
그래서 저는 댐을 건설하는 것을 반대합니다.

저자 소개

김동일(Kim, Dongil)

서울대학교 사범대학 교육학과 교육상담전공 교수 및 대학원 특수교육 전공 주임교수, 서울대학교 대학생활문화원 원장, 장애학생지원센터 상담교수, 서울대학교 특수교육연구소 소장으로 재직하고 있다. 서울대학교 교육학과를 졸업하고, 교육부 국비유학생으로 도미하여 미네소타 대학교 교육심리학과에서 석사 · 박사학위를 취득하였다.

Developmental Studies Center, Research Associate, 한국청소년상담원 상담교수, 경인교육대학교 교육학과 교수, 한국학습장애학회 회장, 서울 대학교 사범대학 기획실장, 국가 청소년보호위원회 위원, BK21 미래교육디자인연구사업단 단장 등을 역임하였다. 국가 수준의 인터넷중독 척도와 개입연구를 진행하여 정보화역기능예방사업에 대한 공로로 행정안전부 장관표창 및 연구논문 · 저서의 우수성으로 한국상담학회 학술상(2014/2016)과 학지사 저술상(2012)을 수상하였다.

현재 (사)한국교육심리학회 회장, 한국아동청소년상담학회 회장, 여성가족부 학교밖청소년지원위원회(2기) 위원, 국무총리실 사행산업통합감독위원회(중독분과) 민간위원 등으로 봉직하고 있다.

『지능이란무엇인가』『학습장애아동의 이해와 교육』『청소년상담학개론』을 비롯하여 50여 권의 저 · 역서가 있으며, 300여 편의 등재전문 학술논문(SSCI/KCI)을 발표하였고, 기초학습기능 수행평가체제(BASA)를 포함한 30여 개의 표준화 검사를 개발하였다.

2017년 대한민국 교육부와
한국연구재단의 지원을 받아 수행된 연구임
(NRF-2017S1A3A2066303)

연구책임자　김동일(서울대학교 교육학과)

참여연구원　김희주(서울대학교 특수교육연구소)

　　　　　　　안예지(서울대학교 특수교육연구소)

　　　　　　　김희은(서울대학교 특수교육연구소)

　　　　　　　신혜연 Gladys(서울대학교 특수교육연구소)

　　　　　　　김은삼(서울대학교 특수교육연구소)

　　　　　　　임희진(서울대학교 특수교육연구소)

　　　　　　　황지영(서울대학교 특수교육연구소)

　　　　　　　이연재(서울대학교 특수교육연구소)

　　　　　　　조은정(서울대학교 특수교육연구소)

　　　　　　　안제춘(서울대학교 특수교육연구소)

　　　　　　　문성은(서울대학교 특수교육연구소)

　　　　　　　송푸름(서울대학교 특수교육연구소)

　　　　　　　장혜명(서울대학교 특수교육연구소)

BASA와 함께하는
쓰기능력 증진 개별화 프로그램

쓰기 나침반

2020년 6월 10일 1판 1쇄 인쇄
2020년 6월 15일 1판 1쇄 발행

지은이 • 김동일
펴낸이 • 김진환
펴낸곳 • (주) 학지사

04031 서울특별시 마포구 양화로 15길 20 마인드월드빌딩
대표전화 • 02)330-5114   팩스 • 02)324-2345
등록번호 • 제313-2006-000265호

홈페이지 • http://www.hakjisa.co.kr
페이스북 • https://www.facebook.com/hakjisa

ISBN 978-89-997-2121-2 93370

정가 20,000원

이 도서의 국립중앙도서관 출판시도서목록(CIP)은 서지정보유통지원
시스템 홈페이지(http://seoji.nl.go.kr)와 국가자료공동목록시스템
(http://www.nl.go.kr/kolisnet)에서 이용하실 수 있습니다.
(CIP 제어번호: CIP2020021992)

출판 · 교육 · 미디어기업 학지사

간호보건의학출판 학지사메디컬 www.hakjisamd.co.kr
심리검사연구소 인싸이트 www.inpsyt.co.kr
학술논문서비스 뉴논문 www.newnonmun.com
원격교육연수원 카운피아 www.counpia.com